KB109842

피라미드 스핑크스

피라미드 스핑크스

발행일 2020년 1월 3일

지은이 임오르
펴낸이 손형국
펴낸곳 (주)북랩
편집인 선일영
편집 오경진, 강대건, 최예은, 최승헌, 김경무
디자인 이현수, 한수희, 김민하, 김윤주, 허지혜
제작 박기성, 황동현, 구성우, 장홍석
마케팅 김회란, 박진관, 조하라, 장은별
출판등록 2004. 12. 1(제2012-000051호)
주소 서울시 금천구 가산디지털 1로 168, 우림라이온스밸리 B동 B113, 114호
홈페이지 www.book.co.kr
전화번호 (02)2026-5777
팩스 (02)2026-5747

ISBN 979-11-6539-020-4 03900 (종이책) 979-11-6539-021-1 05900 (전자책)

이 도서의 국립중앙도서관 출판예정도서목록(CIP)은 서지정보유통지원시스템 홈페이지(http://seoji.nl.go.kr)와 국가자료공동목록시스템(http://www.nl.go.kr/kolisnet)에서 이용하실 수 있습니다.
(CIP제어번호: CIP2019053492)

당신이 몰랐던 우리말, 우리 민족의 우수성 연구

피라미드 스핑크스

임오르 지음

인류의 문명과 언어는 어디에서 기원했을까.
상형문자에서 히브리어, 영어에 이르기까지
한 중년의 연구자가 다년간의 노력 끝에 밝혀낸
우리 민족과 세계 문명, 언어와의 상관관계에 관한 16가지 이야기

북랩book Lab

여는 글

어느 날 우연히 '영어는 우리말에서 왔다'라는 유튜브를 보고 책을 쓰는 나 자신을 보면서 '혹시 운명이란 것이 이런 것인가?'라고 생각하게 되었다. 영어에는 많은 한자가 들어 있는데, '어떻게 그럴 수가 있을까?'라는 의문을 품고 낱말을 하나하나 살펴봤더니 매우 많은 단어가 우리말이었다. 그 예는 다음과 같다. 우리말 '보리'는 영어의 'barley(보리): 보리', '입'은 'lip(립): 입', '썰매'의 강원, 전라, 충북 방언인 '쓰께'는 'skate(스케이트): 썰매를 타다', '헤엄'의 경북 방언인 '쉼'은 'swim(스윔): 수영하다', 한자의 '懸(매달 현)'은 'hang(행): 매달다', '똥'은 'dung(덩): 똥', '나뭇잎'의 '잎'은 'leaf(잎): 잎새', '씨'는 'seed(씨드): 씨', '숯'은 'soot(숱): 검댕이', 한자의 '我(나 아)'는 'I(我: 나 아) 나', '汝(너 여)'는 'you(유): 너', '우리'는 'we(위): 우리', '輓(애도할 만)'은 'mourn(몬): 애도하다', '視(볼 시)'는 'see(씨): 보다', '유자'는 'yuja(유자): 유자', '何(어찌 하)'는 'how(하우): 어떻게',

'둘'은 'two(투): 둘', '생일(birthday)'은 '벗은 날', '嬰(어린아이 영)'은 'young(젊은)', '밝다'는 'bright', '喝(꾸짖을 갈)'은 'call(부르다)', '지라(길어) 블다(기린)'는 'giraffe(지라프)', '쉴 터'는 'shelter[쉘터(주거지)]' 등 한두 개가 아니었다. 이러한 점들을 찾아보다가 『강성태 영단어 어원편』에 있는 어원을 해석하면 일일이 단어를 나열하지 않아도 되겠다 싶어서 책에 나와 있는 어원을 살펴보았다.

처음으로 발견한 어원인 'Sta'는 우리말로는 '스다'→'서다'로 변한 것이었다. 두 번째로 찾은 어원인 'Memory(기억)'는 'Mem(멤): 몸의 사투리'에 "'or(오르): '두더지'의 제주 방언"이 더해진 것이었다. 즉, '몸에 새겨진 두더지 자국'이 'Memory(기억)'인 것이다. 이렇게 하나씩 찾다 보니 333개의 어원 중에서 295개를 풀 수 있었다.

그러면서 '혹시 영국이 우리에게 식민 지배를 받지 않았나?' 하는 생각에 역사책을 뒤져보았다. 약 1650년 전에는 훈족이 유럽을 약

100년 동안 지배했는데 그 훈족이 우리 민족이었다는 사실을 알 수 있었다. 이 사실을 빨리 알리고 싶어서 『멤+오르를 아시나요?』(해드림출판사)를 급하게 썼다. 쓰고 보니 무슨 영어책 같은 느낌이 들어서 편집을 다르게 하여 두 번째로 『아리랑의 뜻을 아시나요』를 발행했다. 아리랑의 뜻은 역사를 역추적하다 알게 된 부산물 같은 것이었다. 역사를 계속 역추적하니 세계 최초의 문명을 만든 민족이 바로 우리 민족이라는 사실을 알게 된 것이다. '그렇다면 피라미드, 스핑크스 역시 우리말이 아닐까?' 하는 생각에 곰곰이 생각해 보니 모두 우리말이었다. 상형문자 또한 모두 우리말이었다. 또 이스라엘 민족 역시 우리 민족이라는 사실을 알고서 이 두 내용이 포함된 책을 써야겠다는 생각에, 다시 운명처럼 또 책을 쓰고 있다. 필자가 운명이라고 하는 이유는 필자는 글과는 거리가 먼 일을 하다가 우연히 '영어는 우리말에서 왔다'라는 유튜브를 본

후에 찾아낸 엄청난 역사의 진실을 우리 민족에게 반드시 알려야만 한다는 어떤 의무감에 사로잡혔기 때문이다. 잘 쓰지 못하는 글이지만 이렇게 적어 본다. 우리 민족은 지구별 최초의 문명을 일으킨 민족이다. 우리 민족이 얼마나 위대한 민족인지를 알았으면 하는 간절한 마음으로 이 책을 펴낸다.

목차

· 1 ·

이집트 상형문자는 우리말이다

이집트의 '피라미드', '스핑크스'가 우리말이라니, 정말 깜짝 놀랄 일이 아닐 수 없다.

정말로 우리말이라면 이집트 문명을 우리 민족이 만들었다는 얘긴데, 대부분 "어떻게 그게 가능해?"라고 반문할 것이다. 떨어진 거리만도 직선거리로 약 6,000㎞도 넘을 텐데 언제 가서 문명을 일으켰단 말인가. 이집트의 가장 큰 피라미드인 쿠푸왕의 무덤과 투탕카멘의 황금 가면의 주인공이 우리 민족이란 말인가. 여러모로 혼란스럽다.

필자도 『아리랑의 뜻을 아시나요』(해드림출판사)를 쓰기 전까지는 이집트 문명이 우리 문명이라는 것은 상상조차 할 수 없었다. 그런데 『아리랑의 뜻을 아시나요』를 쓰면서 역사를 거슬러 올라가다 보니 정말로 깜짝 놀랄 만한 역사적 사실을 발견했다.

『아리랑의 뜻을 아시나요』는 모든 영어가 우리말의 고어, 한자, 사투리가 알파벳으로 쓰여 있다는 검증서이다. '어떻게 그럴 수 있을까?'라는 의문을 품고 역사를 역추적하다 보니 지금으로부터 약 1650년 전에 영국이 우리 민족의 식민 지배를 받았다는 사실을 발견했다. 1650년 전의 로마의 몰락에 직간접적으로 영향을 미쳤던, 역사에 훈족(흉노)으로 등장했던 민족이 바로 우리 민족이었던 것이다. 그러면 그 훈족들은 언제 그곳으로 갔을까. 역사를 거슬러 올라가 보니 그 훈족들은 지금으로부터 약 6000년 전 요하 문명(지금 이후로는 고조선 문명이라 칭함)의 사람들이었다.

왜 지금의 고조선 땅에서 6,000㎞도 더 멀리 떨어진 서쪽으로 갔을까. 가장 직접적인 이유는 백두산의 대폭발이었다. 백두산 대폭발이 없었더라면 세계 문명은 다르게 전개되었을 것이다.

약 6000년 전에 백두산 대폭발로 인해 고조선 문명에서 살던 사람들은 살던 집을 버리고 정든 땅을 그리며 허겁지겁 땅의 신의 노여움을 피해 서쪽으로 이동했다.

여기서 가장 주목해야 할 것은 이 시기에 문자가 이미 존재하였다는 사실이다.

여태까지 우리가 중국의 글씨로 알고 있던 한자가 바로 우리 민족이 6000~8000년 전에 만든 우리 민족의 문자였다. 한자는 우리 민족이 늘 일상생활에서 쓰던 우리말이었다. 일상적으로 쓰던 말이며 주로 구전의 형태로 전승되는 문자가 존재하였다. 그 일상적으로 쓰던 말의 문자가 이집트의 상형문자에 나타난다. 그런데 놀라운 것은 한자의 음가가 거의 변하지 않았다는 것이다.

지금부터 이 책에 표시하는 한자란 말은 한자(漢子)가 아닌 한자(韓子)이다.

이집트 상형문자는 프랑스의 천재 학자인 장 프랑수아 샹폴리옹(Jean-François Champollion, 1790~1832)에 의해 그 뜻이 풀이되었다.

상형문자를 연구하던 샹폴리옹은 반복적으로 나타나는 그림이 어떤 말의 음가를 가지고 있다는 것을 발견하게 된다. 즉, 그림으로 말을 적은 것이다. 그림은 어떤 음을 가지고 있었고, 그는 그 음가를 알파벳에 대응하여 이집트 문명을 완벽히 해석했다.

이제부터 샹폴리옹이 그림과 알파벳을 연결하여 놓은 것이 우리말의 무엇에 해당하는지 하나하나 설명하고자 한다. 『이집트 상형문자 이야기』(예문출판사, 크리스티앙 자크 지음, 김진경 옮김)를 참고로 하였다.

· 2 ·
상형문자와 알파벳 그리고 우리말

1)

A

‘상형문자’ 하면 떠오르는 이 그림은 독수리이다.
어떻게 독수리가 ‘A’의 소리가 날까.
샹폴리옹이 우리나라 학자였다면 그 뜻을 알 수도 있었을 것이다.
독수리는 하늘을 나타낸다. 우리 민족은 하늘을 커다란 ‘알’로 표현했다.
이슬람에서 말하는 ‘알’은 하늘, 즉 하느님이다.
우리말의 ‘하늘’은 “한(‘큰’의 뜻을 더하는 접두사)”+‘알’이다.

2)

Â

팔을 아래로 뻗은 그림인데 왜 'A'를 나타낼까.
팔을 한자로 표현한 것이다.
'팔 완'이다. 이때는 지금의 한자라고 알려진 해서체가 존재하지 않았다. 우리가 일상적으로 썼던 말로써 구전으로 전해지는 문자이다.

3)

B

똑바로 선 다리를 표현한 것으로 맨발로 일하는 '밭'을 표현한 것으로 보인다.
수메르 문명에서 발견된 점토판(쐐기문자)을 해석해서 발견된 문자에는 '바-드(밭)'가 있었다.
발의 첫 음도 'B'이지만, 우리 신체와 관련된 말들은 변화가 심해서 그 당시에는 '발'이 아니었을 가능성이 크다.

4)

D

손의 다섯을 표현한 것으로 우리는 다섯을 '대'라고 말한다.

5)

F

뿔 달린 뱀을 표현한 것이다.
우리말로는 '뿔'이다.

6)

G

항아리 받침대를 표현한 것으로써 우리말로는 '굄'이다.
굄은 '물건의 밑을 바쳐 안정시킴. 또는 그 물건'을 뜻한다.

7)

H

밧줄을 표현한 것으로써 우리말 한자로는 '밧줄 홰'이다.

8)

I

꽃핀 갈대다.
우리말 한자로는 '갈대 위'이다.

9)

K

손으로 만든 손잡이가 달린 바구니다.
이것은 한자로 '그릇 기'이다.

10)

이 그림은 사자다. 그런데 어떻게 'L' 발음이 날까?
하늘에 떠 있는 해를 표시한 것이다. 사자의 목에 난 갈기가 해가 비추는 모습(L)을 하고 있기에 사자로 표시한 것이다. 그 당시 해는 '라'이다. '라'이어='해여'→'라'이언의 구조다.

11)

N

이 그림은 물결을 표시한 그림이다.
우리말로는 '니'이다.
'니'는 '너울'의 전남 방언이다.

12)

OU

메추라기를 표현한 그림이다.

한자로는 '세가락메추라기 여'다. 음성학상으로는 'W'로 쓰기도 하는데 발음은 'OU'에 가깝다고 한다. 필자의 생각으로는 'W(워)'라고 생각한다.

13)

두 그림은 모두 'OU'를 표시한 그림이다. 오른쪽 그림은 '올무(올가미)'를 표시한 그림이다. 왼쪽 그림은 오른쪽 그림을 단순화한 것으로 보인다.

14)

P

이 그림 문자는 자리, 튼튼한 토대, 동상의 받침돌을 나타낸다.

우리말로는 '벽돌'이다. 우리말과 같은 타밀어에서는 '팍돌'로 표시한다.

15)

Q

이 상형문자는 경사진 언덕을 표시한 것이다.
그런데 어떻게 'Q' 발음이 날까?
한자로는 '언덕 구'이다. 정말 믿기지 않지만, 엄연한 사실이다.

16)

R

이 상형문자는 벌린 입을 표현하고 있다.
우리말로는 '입(립, 딥)'이다.

17)

S

빗장을 나타낸다.
한자로는 '빗장 점'이다. 음가는 '스'보다는 '즈'이다.
발의 첫 음도 'B'이지만, 우리 신체와 관련된 말들은 변화가 심해서 그 당시에는 '발'이 아니었을 가능성이 크다.

18)

S

이 상형문자는 접은 옷감을 표시한 것으로써 높은 사람이 지니고 다녔다. 한자로는 '비단 사'를 나타낸다. 이 시기에 비단이 있었느냐고 반문할 수 있겠지만, 당연히 있었다. 이 시기, 즉 신석기 시대에 문자가 있었던 것으로 보아서 그때의 생활상은 현재 우리의 생활상과 비슷하였다고 생각된다.

19)

T

이 상형문자는 빵을 나타낸 것이다.
우리말로는 '떡'이다. '뜨' 발음이나 영어에 '뜨' 발음이 없어서 'T'로 표시했다.

20)

Y

갈대가 두 개 있는 것으로, 한자로는 '갈대 위'이다.

21)

M

'매'를 표현한 것이다.

22)

H

'집'을 표현한 상형문자이다.
한자로는 '집 호'다.

23)

KH

필자는 검은 것을 나타낸 것으로 보여 'KH'가 '검은'이 아닌가 생각했는데, '여과기'라고 한다. 우리말로는 '거르다'이다.
'CH' 소리에 가깝지만, 편의상 'KH'로 발음한다. 'CH' 발음은 거의 없다.

24)

SH　　간단하게 표현하면

물이 가득 찬 욕조를 나타낸 것이다.
한자로는 '물 수'이다.

25)

TSH

짐승에게 씌우는 '멍에'보다는 '족쇄'에 가깝다.
한자로는 '족쇄 착'이다.

26)

DJ

땅을 기어 다니는 뱀이다.
땅을 표현한 것으로써, 한자로는 '땅(따) 지'이다.

27)

KH

젖가슴과 꼬리가 있는 짐승의 배 부분이다. 말린 가죽이다.
우리말 한자로는 '가죽 간'이다.

· 3 ·

상형문자에 담겨있는 우리말

1)

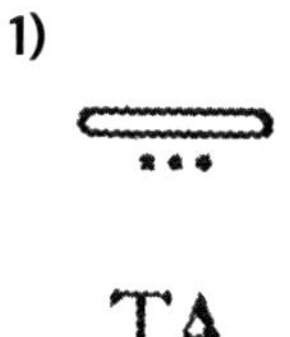

평평한 땅과 모래 세 개이다. 즉, 땅을 표현한 것이다.
우리말로 읽으면 '타'로 읽겠지만, 'T'의 상형문자( )가 우리말로 '떡'이니 다시 읽어 보면 '따'이다. 즉, '땅'이다.

2)

MOU

이 그림은 물결 모양으로 '물'을 표현한 것이다.
우리말로 읽어 보면 '모우'→'무'이다.

3)

배를 타고 나일강을 여행하는 용어다.

KH + D ='KH'+'D'. 우리말로 읽어 보면 '크흐'+'드'→'그드'→'가다'이다.

'KHED'에서 'E'는 말을 부드럽게 이어 주는 역할을 할 뿐, 실제로는 없는 소리다.

4)

MET

죽음을 표현한 그림이다. 당시 사람들은 죽음을 배가 좌초된 것으로 생각했다.

M + T ='므드'→'무드'→'묶다'이다.

'M(E)T'로 읽히면서 '선박', '도관(導管)'이란 뜻도 갖는다.

우리말로는 '무다'인데, '조선하다(배를 설계하여 만들다)'의 전남 방언이다.

5)

ITSH

멍에를 얹은 다리( ), 'ITSH'를 지팡이를 쥔 남자 기호가 한정하고 있다.
'소유하다'라는 뜻의 'ITSH'는 적극적인 노력이 전제된 개념으로서 '차지하다', '정복하다', '획득하다'라는 뜻에 가깝다.
우리말로 읽어 보면 '이츄흐'→'이츠'→'있어'이다.

6)

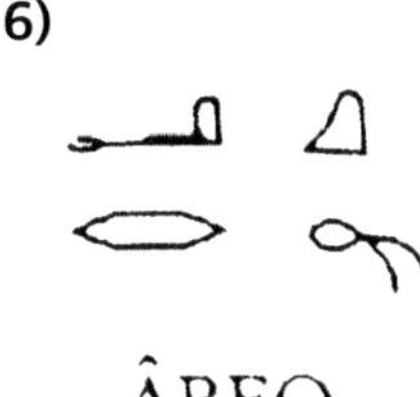

ÂREQ

이 그림은 '옷을 입다, 걸치다'이다.

, Â+ , R+ , Q= ÂREQ 의 구조다. 은 접은 옷감이다. ÂREQ 에는 '굽히다', '숙이다'라는 뜻도 있는데 이것은 옷을 입다 보면 하지 않을 수 없는 동작이다. ÂREQ 에는 '인지하다', '무엇을 알다', '지혜롭다'라는 뜻도 있다.
우리말로 읽어 보면 '아르구'→'알구'→'알다'이다. '옷을 걸치다'의 '알구'는 '알(아래로)'+'구(굽히다)'의 뜻이다.

7)

KA

'영혼'을 나타낸다. 두 손을 벌려 두 손 사이에 있는 '무엇'을 'KA'로 나타냈다.
여기서 'KA'는 우리말로는 '그 아이, 그 사람'을 뜻하는 '가'다. 그쪽 사람, 즉 '영혼'이다.
"'가'가 우리 동네서 제일 잘났다."에서 '가'다.

8)

AKH

이 새는 '부활'의 상징인 따오기다.
부활은 영혼이 따오기로 변할 때 이루어진다.
'새(AKH)'에는 '빛을 품다', '빛나다', '유익하다'란 뜻이 있다.
'AKH'는 'KA(영혼)'의 앞에 'A(아)'가 붙은 글자이다.
그러면 '아'는 무엇인가? '아'는 우리말로 '밝다'라는 뜻이다.
그 예로 "'아'사달", "'아'궁이" 등이 있다. '밝은 영혼'이란 뜻이다. 즉, 부활했다는 뜻이다.

9)

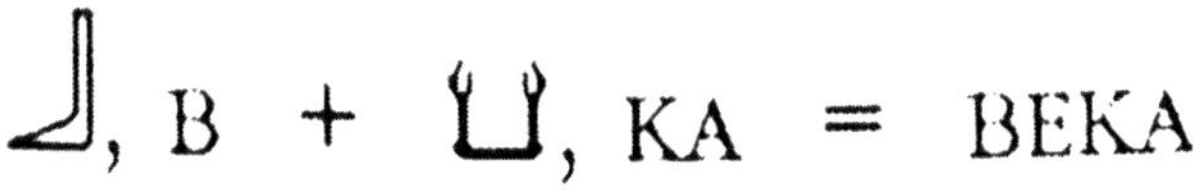

, B + , KA = BEKA

BEKA 의 구조로 아침을 표시한 것이다.

'BEKA'에서 'E'는 발음상 편의를 위해서 끼워 넣은 글자이다. 상형문자의 모든 'E'는 없다고 생각하고 발음하면 된다.

우리말로 읽어 보면 '브카'다. 우리말로는 '밝다'이다.

10)

, KH + , M + , , T

KHEMET = KHEMET 의 구조다.

여기서도 'E'는 발음을 부드럽게 하기 위한 음으로 아무런 뜻이 없다.

이 상형문자는 '생각하다'이다.

기호는 문서 두루마리 표시로써 'KHEMET'가 추상적인 개념을 가지고 있다는 한정사이다.

우리말로 읽어 보면 '크흐'+'므'+'뜨'→'그므다'→'(눈을) 감다'이다.

"생각하기 위해 '눈을 감는 모습'"을 나타낸 것이다.

11)

KA

⌒, K + 🦅, A = KA 의 구조에 추상적인 말임을 나타내는 문서 그림으로 한정된다. 바로 위의 상형문자를 간단하게 표현한 듯하다. '감다'의 '감'이다. 말뜻은 '생각하다'이다.

12)

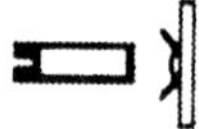

SIA

추상적인 말이라는 기호와 함께 쓰인 이 상형문자는 반으로 접은 장식 술이 달린 천이다. 이 문자의 뜻은 '직감하다', '예감하다'이다.
'SIA'를 우리말로 읽어 보면 '시'+'아'='시아'이다. 어떤 우리말일까.
여기서 '시'는 한문으로 '볼 시'이다. '아'는 '알다'이다.
즉, '보아서 안다'는 뜻이다.
이는 인간의 내면을 보아서 아는 능력인 '직감하다', '예견하다'를 뜻한다.
이 시기에 한자로 된 말이 존재했다는 사실이 믿기질 않는다.

13)

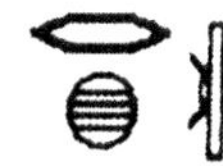

REKH

REKH = , KH + , R의 구조를 추상 개념을 나타내는 기호가 한정하고 있다. '알다'를 표현한 그림이다.

우리말로 읽어 보면 '르'+'크흐'→'르크'→'리크'→"'이' 하다"이다.

'르'가 '이'로, '크'가 '하다'로 변하였다. '크다'는 '카다'→'하다'로 변한다.

"뭐락카노?"="뭐락 하노?"와 같이 '크'='하'이다.

그러면 '르'→'리'→'이'는 우리말로는 무엇일까.

'理[다스릴 이(리)]'이다. 이 시기에는 지금과 같은 글씨가 존재한 것이 아니라, 말의 한자가 존재했다. 정말 놀라운 일이다. 게다가 '理' 자는 '다스리다'라는 뜻 이외에도 '깨닫다'라는 뜻이 있다. '玉(구슬 옥)'과 '里(마을 리)'로 이루어진 글자이다.

옥을 갈아서 옥의 결이 마을의 길처럼 보이게 간다는 데서 '깨닫다'라는 뜻이 있다.

이처럼 많은 상형문자가 한자음을 갖고 있다. 놀라울 따름이다.

14)

MEDOU

이 상형문자는 '말(言)'을 표현했다. 지팡이를 나타낸 것이 아니라 말뚝을 표현한 것이다. '말뚝'의 '말'로 '말(言)'을 표현했다. 그때도 말은 지금과 크게 다르지 않았다. 참으로 기발한 표현이다. 우리말로 읽어 보면 '므도우'→'므두'이다.

이 시기의 말(言)은 '므'였을까, '말'이었을까?

15)

KHEROU

이 상형문자는 '노(櫓)'로, '목소리'를 나타낸다.
'노(櫓)'는 배를 저어 앞으로 나가는 기구이다. 왜 '노(櫓)'로 목소리를 표현했을까. 배를 저어서 앞으로 나갈 때 물을 '가르며(갈)' 앞으로 '가'는 것을 표현한 것이다. 여기서도 한자 '갈(喝)' 자가 등장한다. '갈(喝)'은 '꾸짖다', '외치다', '큰소리', '목소리'를 나타낸다. 눈에 보이지 않는 '목소리[갈(喝)]'를 눈에 보이는 '노(櫓)'로, 즉 '목소리(갈)'로 표현한 표현력이 놀라울 따름이다.

16)

NES

'혀'를 나타내는 상형문자이다. '혀'를 앞으로 내민 모습을 옆에서 본 단면도다.
우리말로 읽어 보면 '느', '스'이다. '내민 혀'→'내 혀'→'느', '스'이다.
'혀'의 우리말 방언은 '시', '세'이다.
어근 'NES'는 'NESET', 즉 '옥좌'라는 단어를 만들 때 쓴다. 혀의 표시는 명령을 내리는 자리이다.

17)

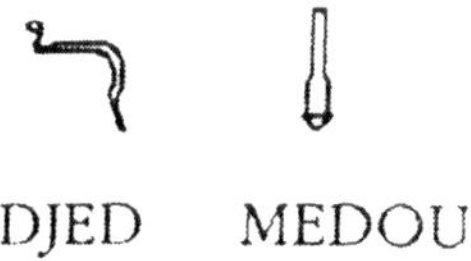

'전하는 말'이라는 상형문자다.

뱀 그림은 상형문자의 음가를 말할 때 '지(地)'라고 말했었다.

여기에서 '지'(DJ)는 '이르다', '도착하다'를 표현하는 '지(至: 이를 지)'이다. 'D'는 문장 끝에 붙는 종결어미인 '다', '하다'이다.

'MEDOU(말뚝의 말)'은 '이르다', '도착하다'. 즉, '말을 전한다'라는 뜻이다.

'지(DJ, 至: 이를 지)'는 '뭐라고 말하다', '어떤 장소나 시간에 닿다'의 뜻이다.

18)

'가르치다'를 쓴 상형문자이다.

, 즉 'S'+'B'+'A'='S(E)BA'를 한정하는 기호인 지팡이를 휘두르는 남자는 노력의 필요성을 강조한다.

우리말로 읽어 보면 '스 바'→'세어 봐' 또는 '써 봐'이다.

'세어, 써 보라고 하는 것'이 '가르치는 것'이다.

19)

이 그림은 '별'을 나타낸 것이다.
바로 앞 그림과 똑같이 '스 바'로 읽히지만, 뒤의 별 그림 때문에 '세다(수를 헤아리다)'라는 뜻이다.

20)

이 상형문자도 '가르치다'의 뜻이다.
"별의 수를 세어 보라."라고 가르치는 것이다.

21)

KH + M = KHEM

KHEM 은 양쪽으로 벌린 두 팔로 한정된다.

두 팔로 벌리는 것은 부정과 무능함의 표현이다.
'무지하다', '모르다'를 의미한다. 'KHEM'은 '모르다', '파괴하다', '해하다', '거부하다', '메마르다', '비정하다'의 뜻도 있다. 'KHEM'을 우리말로 읽어 보면 '크므'→'끄므'→'껌'이다.
우리말로는 '검다'이다.

22)

상형문자 속에 남자와 여자가 있으면 '인간'을 뜻한다.
사람들의 모임 또는 사회적인 모임을 표현할 때 남자와 여자를 묘사한 두 개의 상형문자를 사용한다.

23)

REMETSH

'인간'을 나타낸 상형문자다.

우리말로 읽어 보면 '르 므 츠'이다. '르'가 '입'이니, 즉 '입 맞추다'이다.

두 남녀는 연인관계다.

또 'R(E)M'은 '울다'라는 뜻이다. 우리말로 읽어 보면 '르므'→'느므'→'눈물'이다.

24)

HEROU

낮

'낮'을 나타낸 상형문자이다.

우리말로 읽어 보면 '흐르오우'다. 우리말 '하루'의 어원 같아 보인다.

현재 언어로 정리해 보면 '해로 오다'이다. '해'로 왔으니 '낮'이다.

'행복하다', '만족하다'라는 뜻의 'HER'가 어근이다.

'별'로 왔으면 '밤'일까? '밤'은 다음과 같이 표현했다.

25)

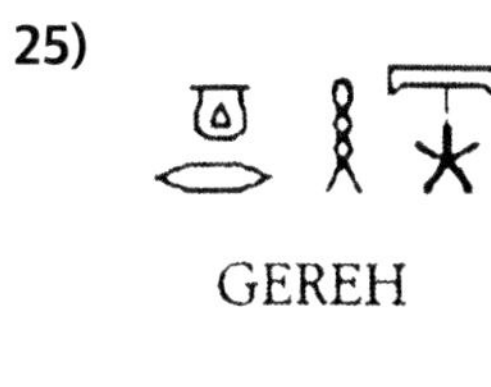

GEREH

밤

'밤'을 나타낸다. 별이 매달려있는 밤하늘을 토대로 만들어진 단어이다.
우리말로 읽어 보면 '그르흐'이다. 우리말로는 '가리다'를 뜻한다.
'해를 가리어 밤이 되었다'라고 생각한다.
'침묵'을 뜻하는 'GER'가 어근이다.
이 말은 "입을 '가리다'"이다.

26)

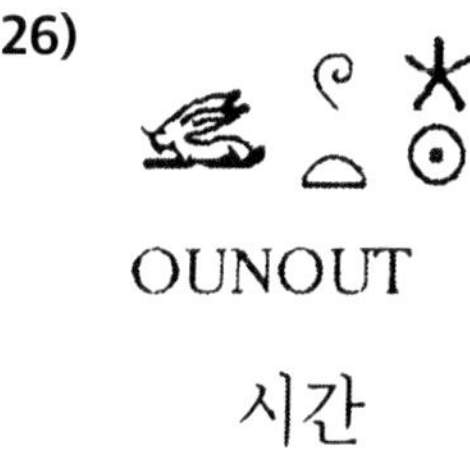

OUNOUT

시간

이 단어는 '토끼'+'올가미'+'떡'과 한정사 '별', '해'로 이루어졌다.
"토끼(OUN: 존재하다='온 것')"는 시간을 나타낸다.
'별'과 '해'가 '토끼'로 '온 것'이 시간이다.

27)

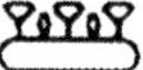

AKHET

계절이 세 번 바뀌는 이집트다. 이집트의 계절은 한 계절에 넉 달씩, 세 계절이 있다. 7월 말에서 11월 말까지는 'AKHET', 11월 말에서 3월 말까지는 'PERET', 3월 말에서 11월 말까지는 'SHEMOU'다.

, 이 기호는 싹이 트고 자라는 젖은 땅이다.

여기엔 다음과 같이 세 개의 소리가 들어가 있다.

'A'+'KH'+'T', 즉 'AKHET'이다.

은 어린 새싹이 나는 '어린 새싹(아가)들의 땅'이다.

우리말로 읽어 보면 '아', '카', '트'→'아', '가', '터'이다. 7월 말부터 11월 말까지는 '아가터'다.

28)

PERET

수확의 계절

이 상형문자를 우리말로 읽어 보면 =P(E)R+ , R+ , T, 즉 '프르르뜨'→'프르르다'→'푸르르다'다. 씨를 뿌려서 들판이 푸르게 물든 것이다. 이집트 학자들은 '씨를 뿌리다'로 해석하여 '입 모양 R'을 '읽기 편하게 붙인 소리'라고 하는데, 필자의 생각은 다르다. 'PERRET'로 써야 한다.

11월 말부터 3월 말까지는 '씨 뿌린 모든 작물이 푸르른 계절'이다.

29)

SHEMOU

더운 계절

수확기이지만 몹시 더운 시기이기도 하다.

, SH+ , MOU와 시간을 나타내는 한정사인 가 결합한 말이다.

'물 채운 욕조'와 '물결 기호'로 표시한 이유가 뭘까.

몹시 건조한 시기가 오니 '물을 모아 두어라' 하는 의미일 것이다.

우리말로 읽어 보면 '수 모 우'→'물 모아'이다. 건기가 길어지니 '물을 모아 놓아라' 라는 뜻일 것이다.

, MOU 처럼 물결 모양이 3개 모여 있는 것은 많은 물을 표시한 것으로서, 복수형을 표시하는 'OU(온 것)'와 '물'을 표시하는 'M(므)'을 사용하여 'MOU(므+오우)'→'모은다'라는 단어를 표현했다. 우리나라 사람이 아니라면 결코 알 수 없는 '말'이다.

3월 말부터 7월 말까지는 'SHEMOU(물 모아)' 계절이다.

30)

이 상형문자는 파라오를 표현한 문자다.

파라오는 '큰 집'이란 뜻으로 이집트 왕을 이르는 말이다.

상형문자 , 즉 'PER'는 가옥을 단순화한 그림으로써 '집'을 뜻한다. 상형문자 , ÂA 는 기둥을 상징하는데, 여기서는 '크다'란 뜻으로 쓰였다.

', Â+A'를 읽어 보면, '와 아'다. '크다는 것'을 가장 잘 표현한 것 같다.

의 뜻은 "벽돌(타밀어로는 '팍돌')+로 지은=P(팍)+R(로)=P(E)R"라 여겨진다.

31)

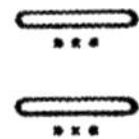

TAOUY

'두 개의 땅'을 나타낸다.

'TAOUY'는 상이집트(삼각주 지역)와 하이집트(나일강 유역), 두 개의 땅으로 이루어진 이집트 전체를 가리키는 표현이다.

우리말로 읽어 보면 '따+오우+이'다. '오우'는 '온 것', '모인 것'이라는 뜻이고 Y는 '이(둘)'를 나타낸다.

32)

KHASET

'산악 지역', '사막 지역', 즉 '이국땅'을 나타낸다.
이 상형문자가 묘사하는 세 개의 모래언덕은 나일강 유역 동쪽과 서쪽에 인접한 산기슭을 나타낸다. 이것은 우리말로 무엇일까.
우리말로 읽어 보면 '카스뜨'→'가시터'→'가장자리 터'이다. '가시'는 '가'의 사투리다. 이집트 중심에서 멀리 떨어진 가장자리에 위치한 터다.

33)

AKHET

'빛의 지역', '지평선'을 나타내는 말이다.
우리말로 읽어 보면 '아크트'→'아'+'크다'이다. '아'는 '해'를 나타낸다.
'해'가 크게 보일 때는 '해 뜰 때'나 '해 질 때'이다.

34)

SEKHET

'들', '초원'을 나타낸다.

이 상형문자는 꽃이 핀 갈대와 갈대 싹 또는 연꽃 봉오리가 자라는 질고 비옥한 검은 땅을 묘사한다. 우리말로 읽어 보면 '스 크 뜨'→'시 크 터'다.

'시'는 '씨'의 옛말이다. 즉, '씨가 크는 터'이다.

기호 는, 즉 'SHA'는, 한 생명이 처음 세상에 나와 자신을 내보인다는 점에서 '시작'을 나타내는 말로도 쓰인다. 우리말로는 '씨앗'과 같다.

, HA 는 '파피루스'인데, 방어적인 의미의 '뒤, 뒤쪽'을 뜻하기도 한다. 우리말로는 '뒤 후(後)'이다.

35)

IMA

'나무'를 가리키는 말이다.

=I 와 풀 베는 낫을 나타내는 는 두 개의 소리, 'MA'로 이루어져 있다. 'I'+'MA'='IMA'이다. 이 단어의 한정사인 나무 기호는 혼자서도 'IMA'로 읽힌다. 우리말로 읽어 보면 '이 마'다. '이마'→'니마'→'나마'→'나무'이다.

36)

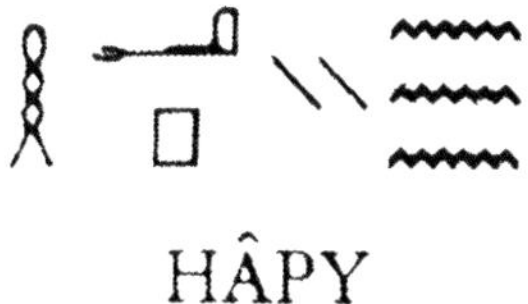

'범람'을 나타내는 말이다.

H + Â + P + Y = HÂPY, 이 단어는 물과 물결을 상징하는 세 개의 물결 무늬로 한정되어 있다. 'HAP'가 '두(Y) 개'다.

'HAP'='HA'+'P'이다. 여기서 '하(HA)'는 '물 하(河)'이고, 'P'는 '불어나다'의 첫 글자다.

'물이 두 배로 불어난 것', 즉 '범람'이다.

37)

HOUNET

'소녀'를 가리키는 말이다.

H + OU + N + T = HOUNET을 우리말로 읽어 보면 '호운뜨' →'혼(자) 뜨(딸)'이다. '혼자 있는 딸(여자)', 즉 '소녀'다.

38)

DI

주다. 바치다

무엇을 주는 그림이다.

우리말로 읽어 보면 '디'다. '드리다'의 '드'이다.

이집트인들은 후하고 너그러운 사람을 가리켜 'AOU DJERT', 즉 '손 큰 사람'이라고 했다. 그런데 필자가 보기엔 'AOU DJERT'는 '아(해)오다'+'지(地)르다(땅으로 다)'이다. 하늘에서 땅으로 온 사람, 즉 '천사'라는 말이다.

39)

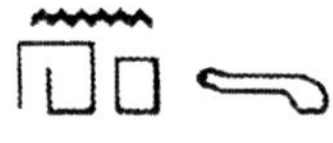

NEHEP

이 그림은 '사랑을 나누다'다. 'NEHEP'에는 '보살피다', '맥박이 뛰다', '비명을 지르다'라는 뜻이 있다고 한다. 우리말로 읽어 보면 '느흐프'→'니쁘'→'이뻐'다. 사랑하는 사람은 당연히 '예쁘'다.

40)

REKH

앞에서 언급했던 '깨닫다'다. '리(理)하다'다.
추상적인 개념을 나타내는 파피루스 두루마리가 한정사로 쓰였다.
'(어떤 주제, 어떤 분야를) 알다'라는 의미다.

41)

REKH

'(사랑하는 사람을) 알다'라는 의미다.
아주 구체적인 관계를 상징하는 기호로 한정되어 있다.

42)

, 'I'+'OU'+'R'='IOUR'의 구조이다. 이 단어를 한정하는 여자 기호를 보라.

여자는 가발을 썼고, 앉아있으며, 옆모습을 보이고 있다.

그런데 배가 불룩하다. 'IOUR'. 즉, '임신'이다.

우리말로 읽어 보면 '아오우르'→'아 오르'→'애가 올라왔다'다.

43)

OUP

뿔이 두 개를 나타낸다. 복수를 표현할 때는 'OU'를 쓴다.

'OU'는 우리말로 '온 것', '모운 것'을 나타낸다. '뿔'이 하나 더 '온 것'이다.

'OUP'는 '열다', '개시하다'의 뜻으로 쓰인다.

'뿔'이 뼈를 뚫고 나오는 것에서 '자궁을 여는 행위', '새로운 한 해를 여는 것', '길을 여는 행위' 등으로 표현된다.

44)

MES

쭈그려 앉아서 지친 듯이 팔을 늘어뜨린 여자의 모습이다. 여자의 아래쪽에는 새로 태어나는 아기의 머리와 두 손이 보인다. 는 위쪽을 한꺼번에 묶은 세 장의 짐승 가죽을 그린 것으로, 'MES'라고 읽는다.

'MES'는 우리말로 무엇일까. 우리말로 읽어 보면 '므스'→'매스'→'맺다'이다.

여기서 'E'는 음가가 없는 말이다. 아이를 낳으면 탯줄이 있는데, 그 탯줄을 끊으려면 탯줄을 맺어야 한다. 그 '맺는' 행위를 (세 장의 짐승 가죽을 매단 것)으로 표현한 것이다.

아마도 탯줄을 끊을 때 '세 번 묶은 것'이 아닌가 생각된다.

45)

REN

'이름'을 나타낸다. '입 모양'+'물결 모양'으로 '이름'을 표시했다.

우리말로는 무슨 뜻일까. 우리말로 읽어 보면 '르 느'다.

'(입)으로 (뉘)'라고 하는 것이다.

46)

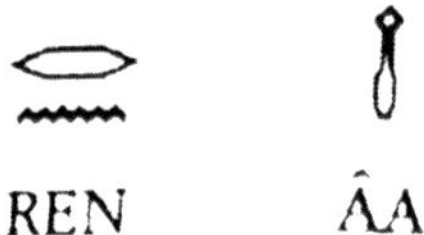

'위대한 이름'을 나타낸 그림이다.

은 커다란 기둥을 나타낸다. 우리말 발음은 '와 아'다.

'와 아' 하는 '이름', 즉 '위대한 이름'이다.

47)

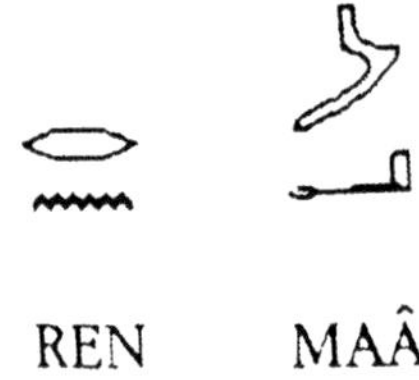

'본명(本名)'을 나타낸다.

'낫'은 'MA'로, '팔'은 '와'로 읽는다. 'MA'는 우리말로 '맞다'이다.

'맞다'는 '그렇다' 또는 '옳다'라는 뜻을 나타내는 말이다.

48)

RENEN

'키우다', '젖을 먹이다'라는 뜻이다.
우리말로 읽어 보면 '르 느 느'다. 'E'는 음가가 없다. 우리말로는 무슨 뜻일까.
'(입)', '(넣)어 (놓)다'이다.
'RENENET'는 '유모'다. 여기서 'T'는 여자를 나타낸다.
'T'가 왜 여자를 나타내는 글자인가. 'T'는 우리말 '떡'의 'ㄸ'을 나타낸 것이다.
'떨어지다'에서 '떨'의 첫머리 글자인 'ㄸ'을 나타낸 것이다. 남자는 불알(고환)이 달려 있지만, 여자는 불알이 떨어져 있어서 '떨어진 것'이라는 뜻을 'ㄸ'으로 표시한 것이다.
'딸'도 '떨'이 변형된 것이다. 어렸을 적에 어른들이 "그 집 뭐 낳았어?"라고 물었을 때, "달렸어." 하면 '남자', "떨어졌어." 하면 '여자'였던 기억이 난다. 이집트 시대에도 그랬을 것이다.

49)

SHED

두 개의 소리('SH'+'D')로 이루어진 상형문자('SHED')이다. 는 물이 가득 든 가죽 부대다. 이 단어를 한정하는 것은 손을 입에 대고 있는 남자다. '읽으려면 침묵해야 한다'라는 뜻과 '독서는 양식이다'라는 뜻이 담겨 있다. 우리말로 읽어 보면 '수 드'→'수 다'이다. 말이 많고 떠드는 사람을 '수다쟁이'라 한다. '수다'를 입을 가리고 한다면 '읽는다'라고 할 수 있겠다.

50)

두 개의 소리('S'+'SH')를 가진 이 상형문자('SESH')는 서기에게 필요한, 그가 언제 어디서나 가지고 다니는 필기도구를 나타낸다.
필기도구는 붓 통, 잉크를 녹이는 물그릇, 나무 팔레트 등으로 서기는 어딜 가든 이 도구들을 가는 끈으로 연결해서 가지고 다녔다.
우리말로 읽어 보면 '스 수'→'(쓰)다 (수)'이다. 무엇을 그리는 것을 '쓱 쓱'으로 표현한 것이다. "'쓱쓱' 하더니 다 그렸어."

51)

IR

'창조하다', '만들다'의 뜻이다.
우리말로 읽어 보면 '이 르'→'이루다'다.

52)

=MA++T=MAT의 구조다.

마트의 타조 깃털은 인간이 오시리스 신 앞에서 심판받는 순간에 천칭의 진리 한 쪽 저울판 위에 놓인다. 마트는 우주를 다스리는 영원한 법칙이다.

우리말로는 '맞다'다. 동사 'MA'는 '이끌다', '지휘하다'라는 뜻도 있다.

여기서 '마(MA)'는 '재갈'의 전남, 경남의 방언이다.

53)

ISEFET

이 상형문자는 마트의 반대 뜻을 갖는다. 마트가 우주를 다스리는 법칙이라면 'ISEFET'는 '무질서', '혼돈'이다.

이 단어는 '악어새'로 한정되고 있다.

우리말로 읽어 보면 '이스쁘뜨'→'잊어버리다'이다. 마트가 정확하게 움직이는 것이라면 '이스쁘뜨'→'잊어버리다'는 정확하게 가는 것을 잊어버려서 무질서와 혼돈이 생기는 것이다.

54)

SENEDI

'공포'를 나타내는 그림이다.

요리하기 위해서 날개를 묶어 놓은 거위의 모습이다.

어떤 우리말인가. 우리말로 읽어 보면 '스느지'→'쉬누지'→'오줌 싸지'다.

'공포에 질려서 오줌 싸는 것'을 표현한 것이다.

'화나다'라는 뜻의 단어는 'FENEDJ'다. 우리말로 읽어 보면 '뿔나지'다.

55)

ÂOUN

'탐욕'을 나타낸 말이다.

우리말로 읽어 보면 '아(我)오운'→'나에게 온 것(나에게 왔으면 하는 마음)'이다.

56)

NIOUT

원과 십자가의 결합으로 도시 공간의 상징적인 표현이다.

'도시', '주택단지'를 나타낸다.

우리말로 읽어 보면 '니오우트'→'이웃'이다.

57)

OUNEM

각각 두 개의 소리 (OU+N)를 내는 기호 , , 와 M으로 소리 나는 , 그리고 손으로 입을 가린 남자의 기호가 결합된 단어다.

'먹다'를 써놓았다.

우리말로 읽어 보면 '오운므'→'오움'→'오음 오음'='오물오물'이다.

음식을 먹는 모양을 표시한 것이다.

58)

SOUR

'마시다'의 뜻이다.
'빗장'+'제비'+'입'과 한정사인 '손을 입에 대고 있는 남자'로 구성된 단어다.
우리말로 읽어 보면 '스 오 우 르'→'수오울'→'술'이다.
'수(水)'를 '올려' 입에 대는 행위인 '마시다'다. '술'의 어원이 '마시다'?

59)

HENQET

'맥주'를 표시한 그림이다.
우리말로 읽어 보면 '흐느구뜨'→ '흐느그다'→'흐느기다'다.
'흐느기다'는 '흔들리다'의 옛말이다. 맥주를 많이 마시면 몸이 흔들린다.

60)

PEKHERET

'약', '물약', '의약'을 표시한 것이다. 어근인 'PEKHER'는 '순환하다'라는 뜻이다. 우리말로 읽어 보면 '프크르드'→'푹 끓이다'이다. '탕약'을 표현한 듯하다.

61)

NEB

'바구니'를 나타낸다. 바구니 'NEB'는 재물과 소유물을 담아두는 물건이지만, 한편으로는 '주인'이라는 개념을 포함한다.

우리말로 읽어 보면 '느 브'→'(넣)어 (브)려'다.

62)

MESHEROUT

, M+, SH+, ROU+, T=MESHEROUT의 구조다. 여기에 하루의 한순간을 나타내는 가 붙어있다.

'저녁 식사'를 표현했다.

우리말로 읽어 보면 '므수르오우뜨'다. 여기서 '므'는 우리말로 '메'이다.

'메'는 먹이, 제삿밥, 밥을 뜻하는 말이다. '수'는 '물'이다. 우리말로 풀이해서 읽어 보면 '밥과 물로 오다'이다. 즉, '먹을 것과 마실 것이 있다'라는 뜻이다.

63)

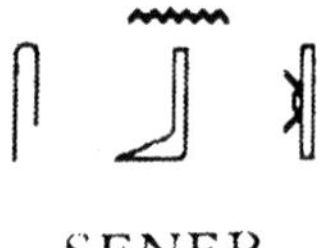

SENEB

'건강'을 표현한 말이다.

우리말로 읽어 보면 '스느브'다. '스나브'→'스나바'로 보인다.

서면(勃起) '건강한 것'이다.

64)

OUDJAT

'완전한 눈'을 나타낸다. 우리말로 읽어 보면 '오우즈아뜨'→'오지아다'이다.
'온지(완전한) 아(眼)'+'다'이다.

65)

OUDJA

'건강'을 표현한 말이다. '가다', '움직이다', '천천히 나아가다'란 뜻도 있다. 제대로 움직인다는 것은 '건강'한 것이다.
우리말로 읽어 보면 '오자'이다.

66)

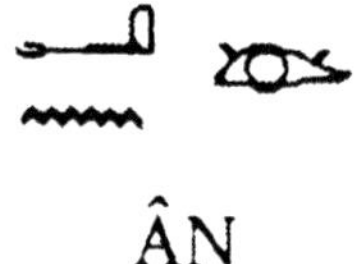

'아름답다'를 표현한 문자다. 필자가 보기엔 '아름답다'의 어원이 '눈(眼: 눈 안)'인 것 같다('아느'→'아르'→'아름'). '매혹적인 사람'이라는 뜻의 단어는 'NY'다. '이(Y)'는 '사람'이다.
우리말과 똑같다(예: 예쁜 사람=예쁜이).

67)

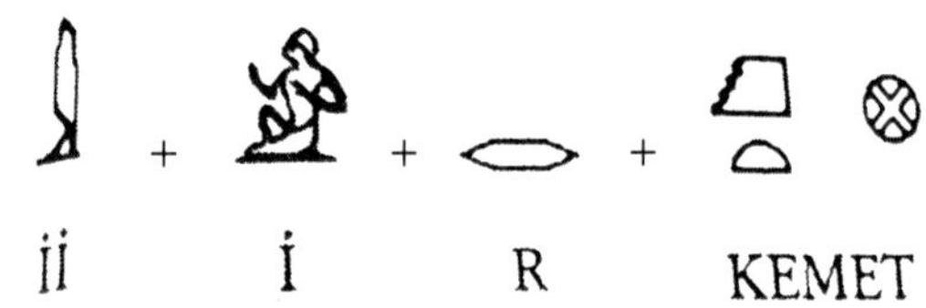

'간다'+'나는'+'~로'+'이집트'의 구조다.
'간다(II)'는 한자로는 이(離: 떠날 이)다. '나는(I)' 이(사람), '~르'는 '로(방향)', 'KEMET'는 이집트다.
'이집트'를 가리키는 말에는 악어가죽의 한 부분으로 보이는 상형문자 가 있다.
어근 'KEM'은 '검다'의 뜻이다. 이집트란 이름이 '검은 땅'을 의미하는 이유는, '검은 땅'이란 곧 진흙이 퇴적된 비옥한 땅을 일컫는 말이었기 때문이다.
, T 는 '땅'을 나타낸다. 'KEM'을 우리말로 읽어 보면 '크므'→'검(검다)'이다. 'KEM(검다)'은 '콥트(Copt)'의 어근이다. 한정사 가 붙어서 'KEMET'란 말이 이루어진다.

68)

ÂHÂ

'싸우다', '전쟁하다'의 뜻이다. 한 손에 방패를, 다른 한 손에는 곤봉을 든 두 팔이 묘사되어 있다. 우리말로 읽어 보면 '와 흐 와'다. 함성을 지르는 소리다.

69)

HEKA

'마법'이다. 이 단어의 구성은 H + KA = HEKA. 이다. 여기에 추상적인 개념을 나타내는 한정사인 '두루마리 서류뭉치'가 붙어있다.
'해의 카(영혼)'이다.

70)

HOUT

'신전'을 나타낸 문자다.
안으로 들어가는 문이 달린 직사각형의 평면도다.
우리말로 읽어 보면 '흐 오우 뜨'→'해 오는 땅(터)'이다.

71)

'한 남자'를 표시한 문자다.
한자로는 '빗장 점'이다. '즈'는 남근을 나타낸다.

72)

'한 여자'를 나타낸다.
'즈'가 떨어진 것을 'T'로 나타냈다.

73)

'없다'+'밤을 보내다'+'한 사람'+'굶다'+'~에서'+'마을'+'나의'의 구조다.
무덤 벽에 새겨진 문장이다.
해석해 보면 '우리 마을에선 누구든 단 하룻밤도 굶게 할 수 없다'라는 뜻이다.
'밤을 보내다(SEDJER)'를 우리말로 읽어 보면 '스지르'→'시지르'→'새지라'→'새다'→'밤 새지라'이다.
'굶다(HEQEROU)'를 우리말로 읽어 보면 '흐구르오우'→'혀 구르다'→'음식 없이 혀만 구르다'→'굶다'이다. '굶다'의 뿌리 말이 '혀 구르다', '혀 구름'이라니, 놀랍다.
'마을(NIOUT)'은 우리말로 '니오우트'→'이오우트'→'이읕'→'이웃'이다.
'~에서(M)'는 우리말로 무엇일까. 'M'은 여기서 '매'이다. '매'→'애'로 바뀐다.
우리 마을 '매'→우리 마을 '애'→우리 마을'에서'로 변환된다.

74)

KHEPER

이 단어는 '크브르'→'커불다'→'성장하다'로 읽을 수도 있고, 다른 하나는 '깨프르' →'깨불'→'불을 깨우다'로도 읽을 수 있다. '성장', '재생', '일출의 신'이라는 뜻이 있다.

75)

TSHAOU

이 그림은 깃대와 바람 부는 천막이다. '공기'를 표현한 그림이다.
우리말로 읽어 보면 '추아 오우'→'추워 와'→'추위를 가지고 오는 것'이다.
'추위를 가지고 오는 것'은 '바람'이다.

76)

KHERED

'아이'를 나타낸다.

발가벗은 아이가 왼팔을 늘어뜨리고 오른손을 입에 물고 있는 그림이다.

우리말로 읽어 보면 '크르드'→'그르다'→'가리다'이다.

'오줌·똥을 가릴 정도의 사람'이다.

77)

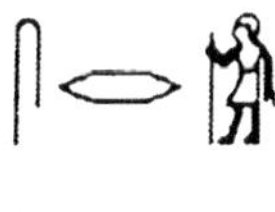

SER

'위대한 사람', '관리', '중요 직책을 맡은 인물'을 뜻하는 말이다.

자신만만한 태도로 자신의 권위를 상징하는 긴 지팡이를 들고 서 있는 사람을 묘사하고 있다.

우리말로는 무슨 뜻일까. '스 르'의 '스'는 우리말로 '서다'이고 '르'는 '입'이다.

즉, '서서 말하는 사람'이다.

78)

DJESER

'신성하다', '찬란하다', '장엄하다'의 뜻이다.
'홀을 쥔 팔'이 한정사인 이 말은 손에 '지팡이'가 아니라 '홀'이 쥐어져 있다. 지팡이를 쥔 사람보다 높은 학식이나 지위를 가진 사람이다.
우리말로 읽어 보면 '지 스 르', 즉 '지(地)'+'서(立)'+'르(說)'이다
'땅에서 홀을 쥐고 말하는 사람', 즉 '파라오'다.

79)

ÂNKH

이집트 상형문자 중에서 가장 유명한 '생명의 열쇠', '고리 달린 십자가'이다.
☥ 는 구리로 만든 거울이다. 당시 사람들은 이것을 빛을 잡아 가두는 천상의 금속으로 생각했다.
'NKH', ☥ 는 다음과 같은 뜻으로도 쓰인다.
☥ 는 '신의 눈', '밀', '화관', '꽃다발', '돌덩어리', '염소' 등으로 표현된다.
이집트 신들의 필수품인 'NKH'는 우리말로는 어떤 것일까.
우리말로는 '안 가'이다. 우리는 죽는 표현을 '간다'라고 표현했다.
결국 '안 가'는 '죽지 않는다'라는 뜻이고 '영원한 생명의 표현'이었다.

80)

SEDJEM

소의 귀를 표시한 말이다. 귀 두 개의 뜻은 '살아 있는 귀들'이다.
우리말로 읽어 보면 '스 잠'→'소 잠'이다. 소는 잠잘 때도 항상 귀를 움직이며 잔다. 자는 동안에도 귀를 기울이는 파라오가 되라는 뜻이다.

81)

MER

'피라미드'를 나타낸다. '물'도 'MER'이다.
'피라미드'의 'M R'은 '(무)'덤 '(라)'라는 뜻이다. '라'의 '무'덤이다.

82)

TEKHEN

'오벨리스크'를 나타낸다. 우리말로 읽어 보면 '뜨 큰'→'뜻 큰'→'큰 뜻'이다. 파라오의 '큰 뜻'을 기록해 놓은 돌기둥이다.

83)

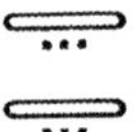

TAOUY

'두 개의 땅'이라는 뜻으로 상이집트(삼각주 지역)와 하이집트(나일강 유역), 즉 이집트 전체를 나타낸다. 우리말로 읽어 보면 '따(地) 오우(오다) 이(二)'→'땅 이 두 개 온'이다.

84)

NEDJEM

'달콤하다', '상쾌하다'를 표현한 말로 캐롭나무 열매를 그린 것이다.
캐롭 열매는 맛이 좋아서 달콤한 즙을 짜서 먹기도 한다.
육체적인 사랑에 따르는 쾌락과 쾌감을 나타내는 말로써, 우리말로 읽어 보면 '느지므'→'니지므'→'이짐'→'잊음'으로 사랑의 절정을 표시한다. 즉, '달콤한 잊음'이다.

85)

IB

'마음'을 표시한 상형문자다. 한자로는 '육부 부(腑)'다. 육부는 담, 위, 대장, 소장, 방광, 삼초의 여섯 가지 내장기관이다. '육부'가 항아리에 들어있으니 '마음'이다.

86)

Y

'그렇고말고, 그럼요'란 뜻이다. 전라도 사투리인 '그려 이'→'이'이다. 사투리가 얼마나 소중한지를 새삼 느낀다.

87)

N, NEN

이 상형문자는 두 팔을 펼친 그림이다. '~하지 않다', '~가 아니다'란 뜻이다. 전라도 사투리인 '나가 아녀'→'나 아녀'다.

88)

NEFER

'좋다', '훌륭하다'라는 뜻이다. 기관(氣管)과 심장, 허파를 상징한다.
우리말로 읽어 보면 '느쁘르'→'니뻐라'→'이뻐라'이다.

89)

BA

'무수리 새'의 모습이다. 당시 사람들은 영혼을 표현하는 또 다른 말로 하늘을 나는 새를 많이 인용했다.
즉, '영혼'을 나타낸 표현으로써 우리말로는 '반'이다. '1/2', '나의 반', '또 다른 나의 반', 다시 말해서 '영혼'이다.

90)

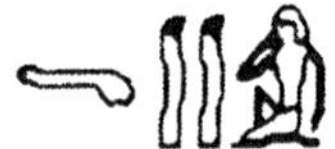

METER

'증언하다'라는 말이다. '남근', '엄지손가락', '입에 손을 대고 있는 사람'이다. 우리말로 읽어 보면 '므뜨르'→'묻더라'다. '물었을 때 대답하는 것'이다. 여기까지 상형문자의 설명을 마무리하고, 다음은 'Â NKH'를 늘 지니고 다니는 이집트 신들의 이름에 어떤 우리말이 들어있는지 살펴보기로 한다.

· 4 ·

이집트의 고대 신화 속 신들에게 있는 우리말

만물의 기원이자 최초의 혼돈 상태의 신인 ① 눈(Nun)에서 땅이 생긴 뒤, 태양신 ② 라(Ra)가 나타났다. 이 태양신으로부터 공기의 신인 ③ 슈(Shu)와 습기의 여신인 ④ 테프누트(Tefnut)가 태어났으며, 다시 이 두 신으로부터 토지의 신인 ⑤ 게브(Geb)와 하늘의 여신인 ⑥ 누트(Nut)가 탄생했다. 그리고 게브와 누트 사이에서 ⑦ 오시리스와 ⑧ 세트, ⑨ 이시스, ⑩ 네프티스의 네 형제 신이 탄생하게 된다. 오시리스는 이집트에 최초로 문명을 도입한 신이자 이집트의 왕이었으나, 그를 시기한 동생 세트에게 살해되었다. 세트는 오시리스를 관에 넣어 나일강에 버리고, 되돌아온 사체를 열네 토막으로 잘라 들판에 뿌렸으나 오시리스는 아내 이시스의 노력으로 부활한다.

이집트를 다스리던 폭군 세트는 오시리스 아들인 ⑪ 호루스와의 왕위 쟁탈전에서 패한다. 호루스는 아버지의 원수를 갚고 이집트

의 왕이 된다. 신들의 이름이 우리말로는 무엇인가를 알아보자.[1)]

1) 눈(Nun)

'눈'은 '누'라고도 불리며 '누'가 우리말이다. '누'는 '놀'의 제주 방언이다.

'놀'은 바다의 크고 사나운 물결이다. 여기서 '누'는 '깊은 바다'를 뜻한다. 하나는 '깊은 바다', 또 하나는 '사나운 물결'이지만, 그 말의 출발은 같은 '바다'이다.

2) 라(Ra)

'라(Ra, Rah, Re)'는 고대 이집트 신화에 자주 등장하는 태양신이다. 고대 이집트 제5왕조 때부터 주신으로 숭배받았다. 그는 아침에는 '케프리', 점심에는 '라', 저녁에는 '아툼'이라고 불리었다. 벽화에서 '라'는 매의 머리에 코브라가 왕관을 둘러싼 모양이다. 주요 숭배 도시는 '태양의 도시'라 불리는 헬리오폴리스다.

태양신 '라'를 아침에 부르는 이름인 '케프리'는 우리말로는 '깨부리'→'깨다 불'→'불을 깨우다'이다.

1) 참고: 네이버 지식백과-이집트의 신화.

필자도 어릴 적에 깡통에 나무를 넣고 불을 붙여서 돌리는 쥐불놀이를 '개부리'한다고 했던 기억이 난다. 점심에는 '라'라고 하는데 우리말로는 뭘까. 우리말로는 '낮'이다. 이집트의 대표적인 신인 '라'가 우리말 '낮'인 것이다. 잃어버린 태양신 '라'를 찾아서 너무 반갑다.

저녁은 '아툼'인데, 우리말로는 무엇일까. 우리말로는 '어둠'이다. 우리말 하나하나가 '신'이다.

여기서 우리말 아침, 점심, 저녁의 말뜻을 알아보자. 아침, 점심, 저녁은 해의 위치로 인해서 생겨난 말이다. 아침의 '아'는 '해'를 나타낸다. '아'가 '처음'으로 올라오는 것이다. '아첨'→'아침'으로 변환된다. 아침의 또 다른 말인 '아스'는 '아'가 '솟다'이다.

점심은 해가 하늘의 중심에 있다는 말이다. '중심'→'즘심'→'점심'이다.

저녁은 해가 '저쪽 방향'이란 뜻의 '저쪽 녘'에서 '저녁'이란 말이 생겼다.

3) 슈(Shu)

'공기의 신'으로 상형문자에서 나온 '추아오우(TSHAOU)', 즉 '추위를 가지고 오는 것', '바람'이라고 서술했는데, 앞부분인 '츄아(TSHA)'가 '츄'→'슈'로 변화했다.

4) 테프누트(Tefnut)

'습기, 이슬, 비의 여신'이다. 공기의 신인 '슈'의 여동생이다.

'테프누트'를 우리말로 다시 읽어 보면 '뜨브누뜨'다. 앞에서 서술한 상형문자에서 'T'는 'ㄸ(떡)'이라고 서술했다. 여기서 '뜨브'는 우리말 '뜨거워'→'뜨버'이고, '누'는 '바다', 끝의 '뜨'는 종결형 어미 '다'다. 즉, '뜨거운 바다다'이다. 뜨거운 바다에서 올라오는 수증기는 '습기'다.

5) 게브(Geb)

'땅의 신'이다. 오시리스와 이시스의 아버지이고 누트의 오빠이자 남편이다.

'게브(Geb)'는 '게(Ge)'+'브(b)'다. 'Ge'를 우리말로 읽어 보면 '게'라고 읽을 수 있지만, '지'라고 읽을 수도 있다. 즉, 우리말로 '땅 지(地)'이고 '브'→'부'는 '아비 부(父)'이다. 이를 합쳐서 '땅의 아버지'란 뜻이다.

이집트 상형문자에 써진 'E'는 상형문자를 발음하기 위해서 임의로 붙인 글자다. 그러나 이 'E'로 인해서 많은 우리말이 완전히 다른 말처럼 들린다.

6) 누트(Nut)

'천공의 신'이다. 그녀의 남편이자 대지의 신인 게브 위에 엎드려 있는 모습으로 표현되며, 바닥에 누운 남자가 게브이고 그 위에 엎드린 여자가 누트이다.

누트의 옷에는 별들이 수놓아져 있다. 태양신 라는 태양의 돛단배를 타고 누트를 따라서 여행한다고 한다. 오시리스와 이시스, 세트, 네프티스는 누트와 게브가 낳은 신들이다.

누트는 '바다의 놀'을 뜻하는 '누'에서 나온 말이다. 하늘의 바다인 '은하수'를 나타낸다. '누의 터', 즉 은하수이다.

7) 오시리스(Osiris)

'사후세계의 신'을 나타낸 말이다. 우리말로는 '오신다'이다. 죽어서 다시 이 땅에 온다는 이집트인의 내세관을 알 수 있다. 이 시기의 말이 변하지 않고 지금까지 전해진다는 것은 놀랄 만한 일이다. '스'는 한자로 '귀신 신(神)'이다. 이집트 신화에 나오는 신들에게 붙는 '스'는 우리말로 '귀신 신'이다.

8) 세트(Set)

'폭풍, 사막, 혼돈의 신'으로서 이집트 9주신 중 하나다. 어떤 우리말일까. '모래 사(沙)'이다.

우리말로 다시 읽어 보면 '모래 터', 즉 '사막'을 뜻한다. 사막의 모래폭풍은 당시 사람들에게는 공포의 대상이었을 것이다.

9) 이시스(Isis)

'모성, 마술, 생산'의 신이다. 세트에게 살해당한 오시리스의 아내이자 여동생이다. 또한, 호루스의 어머니이며, 게브의 딸이다. 우리말로는 '있다'의 존댓말인 '있으시다'이다. 지금 '존재하는 것'이다. '현재 존재하는 신'이 '이시스'인 것이다.

10) 네프티스(Nephthys)

'죽음과 비탄의 신'이다. 대지의 신인 게브와 하늘의 신인 누트 사이에서 태어난 다섯 명의 남매 중 막내다. 우리말로는 '나쁘다'+'신'이다.

11) 호루스(Horus)

'복수, 하늘, 수호의 신'이다. 우리말로는 '홀 홀(笏)'이다. '홀'은 파라오가 권위의 상징으로 가지고 다니는 지휘봉이다.

여기까지 신화에 나온 신들의 이름이 우리말로 무엇인가에 관해서 알아봤다. 여기에 인용되지 않은 우리말로 해석 가능한 신들을 다음의 12번부터 나열해 보겠다.

12) 토트(Thoth)

'지식, 문자, 지혜의 신'이다. 지식과 과학, 언어, 서기, 시간, 달의 신이다. 지혜와 정의의 여신인 마트는 토트의 아내이다. '토'트는 우리말로 '똑똑'이다. '똑똑하다'는 것은'사리에 밝고 총명하다'는 것을 의미한다.

여기서도 'T' 발음이 'ㄸ'이다. 영어에는 'ㄸ' 발음이 없어서 'T'로 표현했다.

13) 마트(Maat)

'진실과 정의의 신'으로서 지식과 달의 신인 토트의 아내다. 머리 위에 꽂힌 깃털이 마트의 상징이다. 마트는 우리말로 '맞다'다. '맞다'는 '정확하다', '옳다', '그렇다'는 우리말이다.

14) 세크메트(Sekmet)

암사자 머리를 한 파괴의 여신이다. '불, 전쟁, 복수, 치료, 약물의 신'인 '세크메트'는 우리말로 '새까맣다'이다. 불에 타서 새까맣게 그을린 것을 나타낸다.

15) 아문(Amun)

신들의 왕이자 '바람의 신'이다. '숨겨진'이란 뜻을 갖고 있다.

우리말로는 '아무'다. '아무'는 '어떤 사람이나 사물 따위를 특정하지 않고 이를 때 쓰는 말'로 '어떤 그 무엇', '보이지 않고 만져지지도 않지만, 있는 그 무엇'을 나타낸다. 즉, '바람'이다.

16) 크눔(Khnum)

'창조, 물의 신'이다. 이집트 신화에서는 나일강의 신이다.

우리말로는 '큰 움'이다. '움'은 우리말로 '우물'이다. '커다란 우물', '큰물'의 뜻이다.

17) 하토르(Hathor)

'사랑과 미의 여신'이며 오시리스와 이시스의 아들인 호루스의 부인이다.

또한, 태양신 라의 딸이다. '하'는 '해'를 나타낸다. '토르'의 'T'를 'ㄸ'으로 다시 읽어 보면 '또르'이다.

'또르'→'똘'로 변화했다. '똘'은 '딸'의 제주 방언이다. 우리말로 '해의 딸'이다.

방언의 중요함을 다시 한번 느낀다.

·5·

이집트 건축물에 남아있는 우리말

피라미드, 스핑크스, 카르나크 신전은 우리말로는 무엇일까.

이집트 문명이 우리 것이라면 당연히 피라미드도 우리말일 것이다. 필자는 그런 생각에 사로잡혀서 매일매일을 보내던 어느 날, "아!" 하는 탄성을 내질렀다. 그런 뜻이었구나. 피라미드의 뜻을 알고 나니 스핑크스, 카르나크 신전 역시 모두 우리말이었다.

피라미드의 '피'는 한자로는 '저 피(彼)'이고 '저쪽(저세상)'을 뜻한다. '라'는 이집트의 태양신으로서 '파라오(이집트 왕)'를 나타낸다. '미'는 '뫼(사람의 무덤)'의 방언이다. '드'는 종결형 어미다.

이를 합쳐서 우리말로 풀어 읽어 보면 '저세상 가신'+'라'의+'미(뫼)'+'다'다.

스핑크스는 어떤 우리말일까. '스'는 한자로 '볼 시(視)', '핑'은 '저

피(彼)'다. '크'는 우리말로 '크다'이다.

'스'는 한자로 '귀신 신(神)'이다. 이집트 신 이름의 뒤에 붙는 '스'는 신(神) 자다.

우리말로 풀어서 읽어 보자. '보다'+'저세상에 간 사람(태양신 라)'+'크다'+'신'이 합쳐져 '스 피 크 스'이다. 이때 '스피크스'가 부드럽게 읽히려면 '피'가 '핑'으로 변해야 한다. 즉, 스핑크스는 "저세상으로 간 '라'를 보는 일(지키는 일)을 하는 큰 신"이다.

세계 최대의 신전인 카르나크 신전은 어떤 우리말일까. '카르'는 한자로 '갈(喝: 꾸짖을 갈)'이다.

갈(喝)은 '꾸짖다'라는 뜻도 있지만 '큰소리', '외치다'의 뜻도 있다. 영어 'Call'의 어원이기도 하다.

'나'는 태양신 '라'이다. '크'는 '크다'이다. 즉, '카르나크'는 '크게 라를 부른다'이다.

[이집트 피라미드 스핑크스]

이집트 문명은 유럽 문명의 뿌리다. 이집트 문명을 완벽히 해석할 수 있는 사람은 우리나라 사람이 아니면 불가능하다. 이집트 학자들이 많은 연구를 통해 발음을 지금같이 연구해 놓은 것만 해도 필자는 기적이라고 생각한다. 아마도 많은 우리말이 아직도 이집트 언어에 남아있다고 생각된다. 이집트 문명에 관해서 더 많은 연구가 필요하다.

이집트 문명에 남아있는 우리말 설명을 이쯤에서 마칠까 한다.

· 6 ·

영국의 스톤헨지는 어떤 우리말일까?

스톤헨지는 영국의 솔즈베리 근교에 있는 기원전 1900년 전에서 기원전 1500년 전 사이에 만들어진 고대의 거석 기념물이다. 이 선돌 또한 우리 민족이 만든 작품이다.

[스톤헨지]

스톤헨지는 어떤 우리말일까. '스톤'은 우리말로 '선돌'이다. '선돌' →'슨돌'→'스돌'→'스톤'으로 변화했다.

'헨지'의 '헨'은 우리말로 '해'이고, '지(地)'는 우리말로 '땅'이다. 즉, '해땅'이다.

'큰 돌이 세워진 해를 맞이하는 땅'이다.

여기서 영어의 동서남북은 어떤 우리말인가에 관해서 알아보자.

동쪽을 뜻하는 'East'는 우리말로는 '아스트'다. '아'는 '해'이고 '스트'는 '스탄(땅의 고어)'이다. 즉, '해 땅'='해가 뜨는 땅'이다. 동쪽은 나타내는 우리말은 '샛'이다.

서쪽을 뜻하는 'West'는 우리말로는 '왼'+'스트[스탄(땅의 고어)]'이다. '해'는 오른쪽에 있고 '외'는 '해의 왼쪽 땅'이다. 우리말은 '하늬'인데 '하'는 '해'이고 '늬'는 '뉘다(누이다의 준말)'라는 뜻이다. 이를 합치면 '해 뉘다'이다. '해가 눕다', 즉 '해가 눕는(지는) 방향'이다.

남쪽을 뜻하는 'South'는 우리말로는 '수(水)+th[쪽(방향)]'이다. '물 쪽'이라는 말이다.

남쪽을 나타내는 우리말은 '마'이다. '매'는 '물'의 전북 방언이다. '마'도 '물(바다) 쪽'이라는 뜻이다.

북쪽을 뜻하는 'North'는 우리말로는 '노(Nor)'+'쪽(th)'이다. '노'는 북쪽을 가리키는 뱃사람들의 말이다.

· 7 ·

유대 민족(이스라엘)은 우리 민족이다

'이스라엘의 뜻이 뭘까?'라는 생각에 여기저기 찾아봤는데 대답이 제각각이었다.

이스라엘 사람도 정확한 뜻을 모르는 것 같다. 우리말로 써 보면 '이스라(있어라)'+'엘(하느님)'이다.

"너희(이스라엘 민족)에게 하느님이 있노라."가 정확하지 않을까 생각된다.

이집트 문명을 우리 민족이 만들었는데 이스라엘 민족이 우리 민족이면, 이집트 문명을 만든 사람들은 당연히 이스라엘 민족이다. 그런데 어떤 이유로 인해서 이집트 문명을 만든 이스라엘 사람들은 쫓겨 다니는 처지에 놓였다. 무슨 잘못을 하였기에 이집트 병사들에게 수 세기 동안 쫓겨 다녀야만 했을까. 그 이유는 아마도 증거 인멸 때문일 듯하다. 이스라엘 민족이 없으면 찬란한 이집트 문명은 그들 것이기 때문에, 그렇게 수 세기 동안 탄압이 이루어졌다고 생각한다. 수 세기 동안 쫓겨 다니면서 많은 사람이 목숨을

잃어 집단이 작아졌고 말도 많이 변했다. 그러나 아무리 세월이 많이 지나도 어머니가 자식의 얼굴을 금방 알아보는 것처럼, 수천 년이 지났어도 우리 민족임을 금방 알 수 있다. 이스라엘 민족은 우리의 '갓'과 비슷한 모양의 '키파'라는 모자를 쓴다. 또한, 아브라함의 고향은 메소포타미아의 우르 지역이다. 우르는 우리 민족이 일으킨 수메르 문명의 중심지다. 게다가 우리 민족이 아니면 쓸 수 없는 말들이 이스라엘 언어에 많이 남아있다.

그러면 어떤 말이 우리말과 같은가를 알아보자. 히브리어도 당연히 한자가 쓰였음을 알아야 한다.[2)]

1) א

이 글자는 히브리어의 첫 글자로 '알렢'이라고 읽는다. '소머리'를 간략하게 표시했다고 한다.

우리 민족은 하늘을 '큰 알'로 표현했다고 이집트 상형문자 '독수리'가 하늘을 표현했음을 설명할 때 앞에서 서술했었다. 이집트 문명을 이스라엘 민족이 만들었기 때문에 그런 표현이 나올 수도 있겠다.

2) ב

히브리어의 두 번째 글자로 '베트'라 읽는다. 이집트 상형문자 '발(B)'에서 서술했듯이, '밭(땅)'을 표현한 것이다.

---

2) 참고: 네이버 사전.

3) ג

이 글자는 히브리어의 세 번째 글자로서 '기멜'이라고 읽는다. 글자가 상징하는 뜻은 '발(足)', '옮김', '해방', '성숙'을 나타낸다고 한다. 필자가 보기엔 사람 모양을 나타낸 것이다.
위 3개의 글자는 각각 천(天)·지(地)·인(人)을 나타낸 것이다.

4) מ

히브리어의 13번째 글자로 '멤'이라고 읽는다. '멤'은 '몸'의 사투리이다.

5) ס

이 글자는 히브리어의 15번째 글자로 '싸메크'라고 읽으며 우리말로는 '싸매다'이다. 글씨 모양도 무엇을 싼 것처럼 표현했다.

6) שׂיב

sîyb=시브
① 백발의, ② 늙은
우리말로는 머리가 '시다'이다.

7) עֲדִי

ădîy=아디
① 나이, ② 장식

'아디'→'나디'→'나이'로 변화했다.

8) בָּלַג

bâlag=발라그

① 밝다, ② 비추게 하다

우리말로는 '밝다'이다.

9) גָּרַר

gârar=가라르

① 문지르다, ② 끌다, ③ 톱으로 자르다

우리말로는 '갈다'이다. '갈다'는 날카롭게 날을 세우거나 표면을 매끄럽게 하기 위하여 다른 물건에 대고 문지른다는 의미이다.

10) פּוּץ

pûwts=푸츠

① 부수다, ② 흩뜨리다

우리말로는 '부수다'이다. '부수다'는 단단한 물체를 여러 조각이 나게 두드려 깨뜨리는 것을 의미한다.

11) רַ גָ ּד

dâgar=다가르

① 알이나 새끼를 품다, ② 모으다

우리말로는 '닭알'이다. 닭이 새끼를 까려고 알을 모아서 품고 있는 것이다.

12) הָ טִּ מ

mi âh=밋타

① 침대, ② 들것, ③ 영구차

우리말로는 '메다'이다. 어깨에 걸치거나 올려놓다.

13) ץַ רָ ש

shârats=샤라츠

① 기다, ② 가득하다

우리말로는 '살았다'이다. 살아서 구물구물 움직이는 것이다.

14) לוּע

ûwl=울

① 젖먹이, ② 아이, ③ 유아

우리말로는 '울다'이다. 우는 사람은 '어린아이'다.

15) אָרָק

qârâ =카라

① 부르다

한자로 '꾸짖을 갈(喝)'이다. '꾸짖다'라는 뜻도 있지만 '외치다', '큰소리', '고함치다'라는 뜻도 있다.

16) ןֹמְלַא

'almôn=알몬

① 버림받은, ② 홀로 남은

우리말로는 '알몸'이다.

17) םַתָס

çâtham=싸탐

① 막다, ② 닫다

우리말로는 '쌓다'이다. 물건을 높아 쌓아서 막는 것이다.

18) יַתִא

'îythay=이타이

① '있다', ② ~이다

우리말로는 '있다'이다.

19) מִלָּה

millâh=밀라

① 말, ② 일

우리말로는 '말(言)'이다.

20) בוג

gûwb=구브

① 자르다, ② 샘을 파다, ③ 쟁기질을 하다

우리말로는 '구부려서 일하는 모습'이다.

21) צאָהָ

tsâ âh=차아

① 배설물, ② 똥

우리말로는 '치워'이다.

22) אֶשְׁכְּלֹ

'Eshkôl=에쉬콜

① 팔레스타인에 있는 포도가 많이 나는 골짜기 이름 '에스골'

'에스골'의 '콜'이 우리말 골짜기의 '골'이다.

23) רוּז

zûwr=주르

① 누르다, ② 죄다, ③ 짜다

우리말로는 '조르다'이다.

24) הָ תָ ח

châthâh=하타

① 가져가다, 잡다, 쥐다, 붙잡다

우리말로는 '내 것'을 '내해'라고 할 때의 '해다'이다. '내해여'는 '내 것 여'이다.

25) רַ חָ ·ב

bâchar=바하르

① 시험하다, ② 선택하다, ③ 사랑하다

한자로는 '뽑을 발(拔)'이다. 많은 가운데 가려서 뽑는 것을 의미한다.

26) שֶׂ רֶ ·ג

geres=게레스

① 찧은 곡식, ② 거칠게 탄 곡식, ③ 탄 귀리

우리말로는 '갈다(껍질을 벗기기 위해 맷돌이나 돌로 설 찧는 것)'이다.

27) רוֹא

’ôwr=오르

① 빛, ② 아침 빛, ③ 태양 빛 혹은 태양 그 자체

우리말로는 ‘올라오다’, ‘위로 오르다’이다. 올라오는 ‘해’를 나타낸 것이다.

28) רַשְׂבּ

besar=베사르

① 살, ② 고기, ③ 육신

우리말로는 ‘뱃살’이다.

29) לַכָא

’âkal=아칼

① 먹다

우리말로는 ‘아가리’다.

30) תוזֲחַפּ

pachăzûwth=파하주트

① 자만, ② 교만, ③ 자랑

우리말로는 ‘보아주다’이다.

31) אָנ

nâ =나

① 날, ② 덜 익은

우리말로는 ‘날것’이다.

32) יִנְעֹדִי

yidde ônîy=잇데오니

① 선지자, ② 예언의 영

우리말로는 ‘이따(조금 지난 뒤에)가 오는 이’다.

33) ןסֵח

chêçen=헤쎈

① 힘, ② 권력, ③ 권세

우리말로는 ‘힘센’이다.

34) עוָג

gâva =가바

① 숨을 거두다, ② 죽다, ③ 멸망하다

우리말로는 ‘가다’, ‘저세상으로 가다’이다.

35) רָכָשׂ

sâkâr=사카르

① 임금, ② 값, ③ 보수

우리말로는 '품삯'의 '삯'이다. '삯'은 일한 데 대한 품값으로 주는 돈이나 물건을 의미한다.

36) רוּד

dûwr=두르

① 원, ② 공, ③ 불기둥

우리말로는 '돌다'이다.

37) רֶקֶח

chêqer=헤케르

① 조사, ② 숙고, ③ 조사로 알려진 것

우리말로는 '헤아리다'이다. '헤아리다'는 짐작하여 가늠하거나 미루어 생각한다는 의미다.

38) רָב

bâr=바르

① 곡식, ② 들판

우리말로는 '벌(넓고 평평하게 생긴 땅)'이다.

39) אֵם

’êm=엠

① 할머니, ② 다른 사람들에게 은혜를 베푸는 여자, ③ 친척 관계를 나타낼 때 쓰임

우리말로는 ‘에미(어미)’다. ‘어미’는 첫 번째로는 ‘어머니’의 낮춤말이며, 두 번째로는 결혼하여 자식을 둔 딸을 이르는 말이다. 세 번째로는 시부모가 아들에게 아내인 며느리를 이르는 말이고 네 번째로는 자녀를 둔 남자가 웃어른 앞에서 자기 아내를 낮추어 부르는 말이다. 이런 뜻의 말이 제대로 전달되지 않아서 뜻이 변했다고 생각한다.

40) מֶכֶס

mekeç=메케쓰

① 수, ② 값, ③ 가격

우리말로는 ‘몇 개’다.

41) אַיִן

’ayin=아인

① 무, ② ~아니다, ③ בְאֵין ~없는

우리말로는 ‘아니다’다.

42) מָה

mâh=마
① 무엇, ② 무엇이든지
우리말로는 '뭐', '무엇'이다.

43) הָלַם

hâlam=할람
① 치다, ② 짓부수다, ③ 풀어지다
우리말로는 '헐다(쌓아놓은 물건을 무너뜨리다)'다.

44) שָׁדַד

shâdad=샤다드
① 강하다, ② 난폭하게 행동하다
우리말로는 '세다(힘이 많다)'다.

45) פָּצָה

pâtsâh=파차
① 찢다, ② 구해내다
우리말로는 '파헤쳐'다.

46) לַ חַ נ

nachal=나할

① 강

우리말로는 '내(개울, 개천, 시내)'다.

47) סוֹרָ מ

mârôwm=마롬

① 높음

우리말로는 '마루'다.

48) תַ חַ·פ

pachath=파하트

① 구덩이, ② 함정

우리말로는 '파다(땅을 파다)'다.

49) רַ עָ ש

sâ ar=사아르

① 떨다, ② 두려움을 느끼다

우리말로는 '살(사람을 해치거나 독한 기운)'이다.

50) נ אָ ףַ

nâ aph=나아프

① 간음하다

우리말로는 ‘나빠’다.

51) ע וַּ לָ

avvâl=압발

① 악한, ② 사특한 자

우리말로는 ‘악바리’이다.

52) מ טַ הֶּ

ma eh=맛테

① 나뭇가지, ② 회초리, ③ 규

우리말로는 ‘막대(막대기)’다.

53) צ מֶ דֶ

tsemed=체메드

① 한 겨리에 묶인 소, ② 멍에

우리말로는 “쩜매다(‘잡아매다’의 사투리)”이다.

54) חוּנ

nûwach=누아흐

① 쉬다.

우리말로는 '눕다'이다.

55) מ ָס ַך

mâçak=마싸크

① 섞다, ② 혼합시키다, ③ 뒤섞다

우리말로는 '막 섞다'다.

56) ג· ָע ַר

gâ ar=가아르

① 비난하다

한자로는 '꾸짖을 갈(喝)'이다.

57) י ָם

yâm=얌

① 바다

한자로는 '큰 바다 양(洋)'이다.

58) הֵיךְ

hêyk=헤크

① 어떻게?, ② 어찌?

한자로는 '어찌 해(奚)'다.

59) חֲזִיר

chăzîyr=하지르

① 돼지, ② 산돼지

한자로는 '돼지 해(亥)'다.

60) גֶּרֶם

gerem=게렘

① 뼈, ② 몸, ③ 실체

한자로는 '뼈 골(骨)'이다.

61) חָטַם

châ am=하탐

① 동물의 입을 재갈로 막다, ② 재갈을 물리다

한자로는 '재갈 함(銜)'이다.

62) חָרַץ

chârats=하라츠

① 베다, ② 가볍게 상처를 입히다, ③ 파다

한자로는 ‘벨 할(割)’이다.

63) אַכְזְרִיּוּת

’akzeriyûwth=아크제리유트

① 잔인성, ② 사나움

우리말로는 “어떻게 저런 것이 있을 수 있대?”다.

64) שָׂרַד

sârad=사라드

① 도망하다, ② 피하다

우리말로는 ‘사라지다’이다.

65) מַחְמָד

machmâd=마흐마드

① 바람, ② 우아함, ③ 귀한 것

우리말로는 ‘맘에 맞다’다.

66) לַ מָ ק

qâmal=카말

① 시들다, ② 죽다

우리말로는 '까물'이다. '까물거리다'는 의식이나 기억이 조금 희미해져서 정신이 있는 둥 없는 둥 한 것을 의미한다.

67) תוּמ

mûwth=무트

① 죽다

우리말로는 '묻다'다.

68) רִיְרְגַ ס

çagrîyd=싸그리드

① 비

우리말로는 '싸그랑비'다. '싸그랑비'는 '가랑비'의 함남 방언이다.

69) רוּמ

mûwr=무르

① 바꾸다

한자로는 '바꿀 무(貿)'다.

70) ןוֹבָּצְע

itstsabôwn=잇차본
① 힘들고 괴로운 일, ② 고통
우리말로는 '잊어버려'이다.

71) תַרָכ

kârath=카라트
① 자르다, 베어내다, 떼어내다, 끊다, 삭제하다, ② 죽이다, 살해하다, 목숨을 빼앗다
우리말로는 '가르다'이다. '가르다'는 쪼개거나 나누어 따로따로 되게 하는 것을 의미한다.

72) הָשֵׁאַרְמ

mera ăshâ t=메라아샤
① 머리맡에 있는 것, ② 의자에 달린 머리받이, ③ 덧베개
우리말로는 '머리에서'다. 머리에 있는 것이다.

73) תֶפֹּת

tôpheth=토페트
① 침, ② 타액
우리말로는 '침 뱉다'다.

74) נְאָצָה

ne âtsâh=네아차

① 비웃다

우리말로는 ‘내 참’이다. 혼잣말로 지껄이는 말로 “내 참 우스워서….”의 ‘내 참’이다.

75) תּעָעַ

tâ a =타아

① 필렐형 עּתְעּעַ 조롱하다, ② 힛팔렐형: 비웃다

우리말로는 ‘퉷(침 뱉는 소리)!’이다.

76) פּאָהָ

pâ âh=파아

① 불다, ② 히필형: 흩뜨리다

우리말로는 ‘파아(파하고 부는 모양)’이다. ‘파’ 하고 불면 흐트러진다.

77) נסָהָ

nâçâh=나싸

① 냄새 맡다.

우리말로는 ‘냄새’다.

78) לַזְלַז

zalzal=잘잘

① 작은 가지들, ② 연한 가지들, ③ 새싹

우리말로는 '잘다(크기가 작다)'다.

79) אָלְמ

melâ =멜라

① 채우다

우리말로는 '메우다'이다.

80) לָגְעַמ

ma gâl=마갈

① 지나간 자국, ② 길

우리말로는 '말이 간(말이 지나간)'이다.

81) קָרָב

bârâq=바라크

① 번개, ② 빛나는 검, ③ 빛남

우리말로는 '벼락'이다.

82) אָ טְ מ

me â =메타

① 오다, ② 도달하다, ③ 마주치다

우리말로는 '미치다(일정한 선에 닿다)'다.

83) עַ רֵ א

'ăra =아라

① 땅, ② 대지, ③ 아래의

우리말로는 '아래(밑)'이다.

84) הֶ קְ שַׁ מ

mashqeh=마쉬케

① 술잔을 따라 올리는 사람, ② 마실 것, ③ 온 땅을 적시는 샘

우리말로는 '마실 것'이다.

85) הָ נָ ז

z nâh=자나

① 음행을 범하다, ② 분사 הָנז 매춘부, ③ 우상을 섬기다

우리말로는 '같이 잠을 잔다'다.

86) חִיג

gîyach=기아흐
① 돌발하다, 일어나다, 갑자기 나타나다
한자로는 '일어날 기(起)'다.

87) דַעְס

çâ ad=싸아드
① 지지하다, ② 유지하다, ③ 돕다
우리말로는 '싸다(감싸다)'다.

88) תוע

ûwth=우트
① 서두르다, ② 돕다
한자로는 '도울 우(佑)'다.

89) ךְרָב

bârak=바라크
① 무릎을 꿇다, ② 하나님께 기원하다
우리말로는 '바라다(복을 바라다)'다.

90) כֹּבֶד

kôbed=코베드
① 무거움(잠 27:3), ② 격렬함, ③ 무리, ④ 명사 슬픔, 비탄, 참화[전쟁의]
우리말로는 ‘코베다’다. 깊은 잠에 빠진 사람을 보면 “코 베가도 모르게 잠 들었어.”라 하고 전쟁 시에는 코를 베어서 적의 머릿수를 확인했다.

91) זֶבַח

zebach=제바흐
① 살육, ② 희생
우리말로는 ‘잡다’다. “닭 잡아.” 하면 닭을 죽이는 것이다.

92) נָכֹחַ

nâkôach=나코아흐
① 바른, ② 정직한
우리말로는 ‘나 곧아’다. ‘곧다’라는 것은 삐뚤어지지 아니하고 똑바르다는 것을 의미한다.

93) בָּבָה

bâbâh=바바
① 구멍, ② 문, ③ 눈동자
우리말로는 ‘본다’다.

94) בָּזָק

bâzâq=바자크

① 번갯불, ② 번개 빛

우리말로는 '번쩍'이다.

95) שְׁלִי

shelîy=셸리

① 고요, ② 평정

우리말로는 '쉬다(쉬리)'다.

96) גָּדַר

gâdar=가다르

① 벽으로 둘러막다

우리말로는 '가두다'다.

97) מַטָּה

ma âh=맛타

① 아래로

우리말로는 '밑에'다.

98) הָלָאֲת

ta ălâh=타알라

① 저주, ② 혐오

우리말로는 '탈 나다'이다. '탈'은 뜻밖에 일어난 걱정할 만한 사고를 의미한다.

99) הָלָלְק

qelâlâh=켈랄라

① 저주, ② 욕

우리말로는 '큰일 날라'다.

100) הָעְרִצ

tsir âh=치르아

① 장수말벌, ② 왕벌

우리말로는 '찌르다'다.

101) תַמ

math=마트

① 성인, ② 남자: 사람들, ③ 남자들

우리말로는 '맏이'다. '맏이'는 형제 중에서 나이가 제일 손위인 사람이나 나이가 남보다 많은 사람을 의미한다.

102) אוֹב

bôw'=보

① 들어가다, ② 오다.

한자로는 '걸음 보(步)'다.

103) חָ רְ זִ מ

mizrâch=미즈라흐

① 일출, ② 동쪽

우리말로는 '비추다'다.

104) ןָ דֲ ע מ

ma ădân=마아단

① 기쁨, ② 맛있는 음식, ③ 기쁘게

우리말로는 '맛있다'다.

105) הָ צָ מ

mâtsâh=마차

① 빨다, ② 즙을 짜다

우리말로는 '마시다'다.

106) נַאֲפוּף

na ăphûwph=나아푸프

① 음란한 자들, ② 교만한 자들

우리말로는 ‘나쁘다’다.

107) גִּדַּלְתִּי

Giddaltîy=깃달티

① 나는 위대하게 되었다: 헤만의 아들 ‘깃달디’

우리말로는 ‘깃 달다’다. ‘깃 달다’는 ‘날개 달다’라는 말로 ‘능력이나 상황 따위가 좋아지다’이다.

108) חָרַץ

chărats=하라츠

① 허리, ② 요부

우리말로는 ‘허리춤’이다.

109) יָפֶה

yâpheh=야페

① 아름다운

우리말로는 ‘예쁘다’다.

110) שֵׁת

Shêth=셰트

① 대치된: 아담의 셋째아들 '셋'

우리말로는 '셋'이다.

111) עוֹבֵד

Ôwbêd=오베드

① 섬기는: 다섯 명의 이스라엘인 '오벳'

우리말로는 '오(다섯)'다.

112) כּוּמָז

kûwmâz=쿠마즈

① 구, ② 공, ③ 작은 금덩어리

우리말로는 "금('그므'→'크므'→'쿠므')"이다.

113) נוּם

nûwm=눔

① 잠자다, ② 졸다

우리말로는 '눕다'다.

114) גּלְגּלָ

gilgâl=길갈

① 수레바퀴

우리말로는 '길 가다'이다.

115) משָׁשַׁ

mâshash=마샤쉬

① 느끼다

우리말로는 '마사(摩: 갈 마+挲: 만질 사)'다. 손으로 주물러 어루만지는 것을 의미한다.

116) בוֹקֵר

bôwqêr=보케르

① 소 떼를 지키는 자: 목동, ② 목자

우리말로는 '보다'이다.

117) טבַּוּר

abbûwr=탑부르

① 높은 곳, ② 꼭대기, ③ 정상

우리말로는 '탑'이다.

118) אַב

'ab=아브

① 아버지

우리말로는 '아버지'다.

119) בּוּס

bûwç=부쓰

① 짓밟다

우리말로는 '부수다'다.

120) יָחִיד

yâchîyd=야히드

① 고독한, 외로운, 쓸쓸한, 적막한, 버려진, 가엾은, 불쌍한, 비참한

우리말로는 '야위다'이다.

121) פָּעַר

pâ ar=파아르

① 입을 벌리다, ② 게걸스러운 짐승의 입 벌림, ③ 크게 욕심내는 사람들

우리말로는 '벌리다'다. '파아르'→'바아르'→'버르'→'벌리다'

122) זָרַח

zârach=자라흐

① 오르다

우리말로는 '자라다'다. 해가 올라오는 것을 '점점 자라는 것'으로 생각한 것 같다.

123) סָכַךְ

çâkak=싸카크

① 엮다, ② 막다

우리말로는 '쌓다'다.

124) מַשָּׂא

massâ =맛사

① 실어나름, ② 짐, ③ 고양

우리말로는 '맛(마주의 옛말)'이다. 둘이 마주 보고 들것으로 물건을 나르는 일을 하는 것이다.

125) שֵׂחַ

sêach=세아흐

① 생각, ② 뜻, ③ 사상

한자로는 '생각 사(思)'다.

126) שָׁנֶה

shâneh=샤네

① 년

우리말로는 '쇠다'다. '쇠다'는 것은 명절, 생일, 기념일 같은 날을 맞이하여 지내는 것을 의미한다.

127) אשׁ

'îsh=이쉬

① 동사 ~이 있다.

우리말로는 '있다'다.

128) חָמִיץ

châmîyts=하미츠

① 소금에 절인, ② 짠맛의, ③ 맛 들인

한자로는 '짤 함(鹹)'이다.

129) מוֹשָׁב

môwshâb=모샤브

① 자리, ② 착석, ③ 주거

우리말로는 '모사(茅舍: 띠나 이엉 따위로 지붕을 인 초라한 집)'이다.

130) עֹצֶם

ôtsem=오쳄

① 힘, ② 몸

우리말로는 '오체(五體: 사람의 온몸)'이다.

131) הֵיךְ

hêyk=헤크

① 어떻게? ② 어찌?

한자로는 '어찌 하(何)'다.

132) זֶה

zeh=제

① 이것, 저것.

우리말로는 '저것'이다.

133) גִּיד

gîyd=기드

① 실, 끈, 가죽끈(목이 곧은 사람들에 대해), ② 신경, 힘줄

한자로는 '힘줄 근(筋)'이다.

134) מָחַץ

mâchats=마하츠

① 심하게 움직이다, 흔들어대다, 동요시키다, 들먹이다, 흥분시키다, ② 세게 때리다, 세게 치다, 강타하다, 쳐부수다

우리말로는 '맛다'다. '맛다'는 '무수다(닥치는 대로 사정없이 때리거나 부수다)'의 제주 방언이다.

135) סָעִיף

çâ îyph=싸이프

① 찢어진 틈, 쪼개진 조각, 바위의 틈

우리말로는 '새(사이)'다. '새'는 한 물체에서 다른 물체까지의 거리를 의미한다(예: 새가 벌어지다).

136) חוֹר

chôwr=호르

① 구멍

한자로는 '구멍 혈(穴)'이다.

137) גֹּבַהּ

gôbahh=고바흐

① 높이, ② 위엄, ③ 교만

우리말로는 '고바우'다. '고바우'는 '언덕'의 강원 방언이다.

138) גֵּאוּת

gê ûwth=게우트

① 들어 올림, ② 위엄, ③ 영광

한자로는 '들 거(擧)'다.

139) מְטָא

me â =메타

① 오다, ② 도달하다, ③ 마주치다

우리말로는 '미치다'다. '미치다'라는 것은 공간적 거리나 수준 따위가 일정한 선에 닿는 것을 의미한다.

140) זָקַק

zâqaq=자카크

① 당기다, 묶다, ② 죄다, 긴장시키다, 정제하다

우리말로는 '잠그다'다.

141) עָב

âb=아브

① 어둠, ② 구름, ③ 우거진 숲의 어두움

한자로는 '어두울 암'이다.

142) לַ כָ ש

sâkal=사칼

① 신중하다, 사려 깊게 행동하다, ② 바라보다, 보다

우리말로는 '사(思: 생각 사)하다'다.

143) רָ עְ זִ מ

miz âr=미즈아르

① 적음

우리말로는 '미주알고주알'이다. '미주알고주알'은 '아주 작은 일까지 속속들이'라는 의미이다.

144) בֶ רֶ ח

chereb=헤레브

① 칼, ② 기타의 절단용 도구, ③ 할례용 칼

한자로는 '벨 할(割)'이다.

145) קוּצ

tsûwq=추크

① 붓다, ② 세우다

한자로는 '쌓을 축(築)'이다.

146) הָ תָ ·פ

pâthâh=파타

① 열다, ② 열리다

한자로는 '깨뜨릴 파(破)'다.

147) אָ פָ ר

râphâ =라파

① 수선하다, ② 고치다

한자로는 '메 납(鈉)'이다. '메'는 자루를 박아 무엇을 치거나 박을 때 쓰는 물건이다. 망치로 뚝딱뚝딱 수선하는 것이다.

148) עַ מָ א

'âmats=아마츠

① 강하다, ② 용감하다

한자로는 '팔 완(捥)'이다. 팔은 힘의 상징이다.

149) עֹמ

0môts=모츠

① 겨, ② 여물, ③ 찌꺼기

우리말로는 '못쓰다'다.

150) תָּלָה

tâlâh=탈라

① 달다, ② 십자가에 못 박다

우리말로는 '(매)달다'이다.

151) מָתָק

mâthâq=마타크

① 우아한 것, ② 맛있는 음식

우리말로는 '맛(있)다'다.

152) עָמַק

âmaq=아마크

① 깊다, ② 살펴볼 수 없다

한자로는 '어두울 암(暗)'이다.

153) דָּהַר

dâhar=다하르

① 쏜살같이 밀어닥치다, ② 견디다

우리말로는 '달리다'다.

154) קָנֶה

qâneh=카네

① 갈대, ② 줄기, ③ 저울대

한자로는 '줄기 간(幹)'이다.

155) חָפָא

châphâ =하파

① 덮다, ② 가리다, ③ 감추다

한자로는 '모을 합(合)'이다. 밥그릇과 뚜껑을 나타낸다.

156) עָטָה

â âh=아타

① 덮다, ② 가리다

한자로는 '가릴 애(曖)'다.

157) כָּפַר

kâphar=카파르

① 덮다, ② 전면에 퍼지다, ③ 머리로 덮다

한자로는 '모자 갑(帢)'이다.

158) רָ פּוֹשׁ

shôwphâr=쇼파르

① 나팔

우리말로는 뿔의 고어인 'ㅅ블'이다. 옛날에는 뿔로 나팔을 만들었다.

159) עַ דָ י

yâda =야다

① 보다, ② 지각하다

한자로는 '다스릴 리(理)'다. 구슬 옥(玉)과 마을 리(里)로, '다스리다'라는 뜻은 '마을의 모든 길을 옥의 결을 보듯 훤히 안다'이고 '깨닫다'는 '옥의 결이 마을 길 같이 선명하게 보이도록 열심히 옥을 간다'라는 뜻이다. 여기서의 의미는 '깨닫다'다. '리'→'이'→'야'로 변했다.

160) שׁ חַ כּ

kachash=카하쉬

① 거짓, ② 야윔

한자로는 '거짓 가(假)'와 '가시(바늘같이 뾰족한 것)'다. 두 단어는 비슷한 발음으로 많이 마른 사람을 '가시'같이 말랐다고 했다.

161) הָ כְ לֵ ח

chêlekâh=헬카

① 불행한, 파산한, 비참한, 불쌍한, 초라한

한자로는 '불쌍할 휼(恤)'이다.

162) גוּח

chûwg=후그

① 원을 그리다, ② 경계를 긋다

한자로는 '그을 획(劃)'이다.

163) קָ זָ ח

châzâq=하자크

① 완고한, ② 강한

한자로는 '굳을 확(確)'이다.

164) הָ יַ ה

hayâh=하야

① 폐허, ② 재앙, ③ 재난

한자로는 '재앙 화(禍)'다. '살다', '존재하다'라는 뜻도 있다.

165) רוּח

chûwr=후르

① 흰옷, ② 흰 천, ③ 흰 세마포

한자로는 '흴 호(皓)'다.

166) רַ מָ ג

gâmar=가마르

① 완성하다, ② 그만두다

우리말로는 '그만'이다.

167) הָ וָ א

'âvâh=아봐

① 표시하다, ② 가리키다, ③ 기술하다

우리말로는 '여봐', '이것 봐'다.

168) לוּב

bûwl=불

① 비, ② 산물

우리말로는 '불'이다. '불'은 '수맥'의 경북 방언이다.

169) לַ שָ מ

mâshal=마샬

① 통치하다

우리말로는 '마'이다. '마'는 '재갈'의 경남, 전남 방언이다. 재갈을 물려서 말을 다룬다.

170) מִלֻּאָה

millû âh=밀루아

① 채우기, ② 박아 끼우기, ③ 끼워 넣기

우리말로는 ‘밀다’다.

171) אֵל

’el=엘

① [전치사] 어떤 것을 지향하다, 어떤 곳을 향하다

우리말로는 ‘~에’, ‘~에게’다.

172) פַּקֻּעָה

paqqû âh=팍쿠아

① 야생 오이, ② 박

우리말로는 ‘박’이다.

173) תְּמוּרָה

temûwnâh=테무나

① 나타난 것, ② 이미지, ③ 모양

우리말로는 ‘테’다. ‘테’는 무엇의, 둘레를 의미한다.

174) גוּמ

mûwg=무그

① 녹이다, ② 흐르다, ③ 녹이다

우리말로는 ‘뭉그러지다’다.

175) הָ כָ ּב

bâkâh=바카

① 울다

한자로는 ‘울부짖을 박(咱)’이다.

176) םִ יַ מ

mayim=마임

① 물, ② 즙, ③ 소변

우리말로는 ‘매’다. ‘매’는 ‘물’의 전북 방언이다.

177) שׁיִ א

’îysh=이쉬

① 사람, ② 남자, ③ 남편

우리말로는 ‘치(사람)’다. ‘젊은 치들’은 ‘젊은 사람들’을 의미한다.

178) ןוֹבְרָד

dorbôwn=도르본

① 몰이 막대기, ② 막대기

우리말로는 '돌본다'이다.

179) זְעֵיר

ze êyr=제에르

① 작은, ② 조금의

우리말로는 '잘다'다.

180) עַקָב

bâqa =바카

① 잘게 부수다, ② 나무를 쪼개다, ③ 바다를 가르다

우리말로는 '빻다'다.

·8·
종교에 남아있는 우리말

세계 최초의 문명을 만든 민족이 우리 민족이기 때문에 모든 종교에는 우리말이 있을 수밖에 없다. 모든 종교의 뿌리인, 불을 섬기는 조로아스터교와 이슬람교에 남아있는 우리말을 알아보자.[3)]

1) 조로아스터교

조로아스터교는 예언자 조로아스터의 가르침에 종교적·철학적인 기반을 두고 있으며, 유일신인 '아후라 마즈다'를 믿는 고대 페르시아 종교다.

그의 출생 연대는 기원전 660년경이라고 보는 것이 보통이지만, 학자에 따라서는 기원전 1500년경, 혹은 기원전 6000년경으로 보기도 한다. 그의 출생지는 두 곳으로 예상되는데, 한 곳은 아프가

---

3) 참고: 네이버 두산백과

니스탄이며, 다른 한 곳은 지금의 이란 동부 국경의 옥수스강 유역이다.

조로아스터교는 이원론적 일신교를, 고대 인도-이란 또는 인도-게르만의 종교적 공유 재산에 근원을 둔 신들이나 제령(諸靈)을 최고신 아후라 마즈다 아래에서 통괄하고, 우주를 선과 악의 두 원리로 설명한다. 아후라는 '주'를 의미하며 마즈다는 '지혜'를 의미하므로 아후라 마즈다는 '지혜의 주'를 의미한다. 당시 대부분의 종교가 다신론적 종교임을 감안한다면, 아후라 마즈다 이외의 다른 신을 모두 거짓으로 선언한 조로아스터의 가르침은 매우 획기적인 것이었다.

또한, 여기에서 유대교, 기독교, 이슬람교가 조로아스터교의 영향을 받았다는 것을 짐작할 수 있다.

조로아스터교의 경전인 『아베스타』에 의하면, 태초에 아후라 마즈다에게서 두 영이 나왔는데 하나는 선을 선택한 영으로서 우리가 일반적으로 말하는 천사인 '스페타 마이뉴'이고, 다른 하나는 악을 택한 '앙그라 마이뉴'이다.

여기서 어떤 우리말이 있나 알아보자.

조로아스터교의 최고의 신인 '아후라 마즈다'는 우리말이다. 우리말로는 '알아맞히다'이다. 모든 것을 알아맞히는 전지전능한 신인 것이다.

'스펜타 마이뉴'는 '스펜타[선(善)하다]'+'마이뉴(마니=사람)'다. 즉, '착한 사람'이다.

'마니'라는 단어는 '심마니'라고 할 때의 '마니'다.

심은 '삼(蔘)'+'마니(사람)'이다. 즉, '삼 캐는 사람'이다.

'앙그라 마이뉴'는 '앙그라[악(惡)하다]'+'마이뉴(마니=사람)'이다. 즉, '악한 사람'이다.

죽은 자의 영혼을 심판하는 천사 '미드라'는 우리말로 '믿어라'이다.

2) 이슬람교에 남아있는 우리말

이슬람교는 조로아스터교가 생기고 약 1400년이 지난 뒤, 7세기 초에 아라비아의 예언자 무함마드가 완성한 종교다. 그리스도교, 불교와 함께 세계 3대 종교의 하나다. 전지전능한 알라의 가르침이 대천사(大天使) 가브리엘을 통하여 무함마드에게 계시되었으며, 유대교, 그리스도교 등 유대계의 여러 종교를 완성시킨 유일신 종교임을 자처한다. 유럽에서는 창시자의 이름을 따서 무함마드교라고 하며, 중국에서는 위구르족을 통하여 전래되었으므로 회회교 또는 청진교라고 한다. 한국에서는 이슬람교 또는 회교로 불린다.

무슬림에게는 실행해야 할 중요한 의무 다섯 가지가 있다. 이것을 오주(五柱)라 하며, 이들 의무를 다함으로써 알라에게 봉사하는 일을 '이바다트(奉化 또는 勤行)'라고 한다.

'이바다트'는 우리말로는 '이바지(도움이 되게 함)'이다.

① 증언 또는 고백(샤하다)

: "나는 알라 이외에 신이 없음을 증언합니다. 또 나는 무함마드가 알라의 사자임을 증명합니다."를 입으로 왼다. 신도는 어릴 때부터 늙어 죽을 때까지 하루에도 몇 번씩 이 증언을 고백하게 된다.

여기에는 어떤 우리말이 있을까. '샤하다'가 우리말이다. '샤하다'는 한자로 '辭(말씀 사)'다.

'사(辭)'는 '말씀', '알리다', '사양하다'의 뜻을 가진 한자로, '알리다'의 뜻이다.

② 예배(살라트)

: 일정한 시각에 맞춰서 규정된 형식에 따라 행하는 예배를 말하며, 개인적으로 수시로 행하는 기도는 '두아'라고 부른다. 예배는 하루에 다섯 번(일출, 정오, 하오, 일몰, 심야) 드리며, 특히 금요일 정오에는 모스크에서 집단 예배를 드린다. 예배를 드릴 때는 반드시 메카가 있는 쪽을 향한다. '살라트'는 우리말로 '사뢰다'이다. '사뢰다'는 '웃어른께 말씀을 올리다'이다.

③ 희사(자카트)

: 국가 재정의 근간을 이루며, 비이슬람 국가에서는 선교의 기반이 이루어지는 데 필요불가결한 무슬림의 의무 중 하나다. 우리말로는 "'재(財)'를 '가져다주는 것'"이다.

④ 단식(샤움)

: 성년이 된 무슬림은 매년 라마단 월간(月間: 제9월) 주간(晝間)에 음식, 흡연, 향료, 성교를 금하고, 과격한 말을 삼가며 가능한 한 『코란』을 독송한다. 단 음식 섭취는 흰 실과 검은 실의 구별이 안 될 만큼 어두워진 야간에는 허용된다. 라마단 월이 끝난 다음 새 달이 하늘에 떠오르면 단식 완료를 기념하는 축제가 시작되는데, 화려한 의상을 입은 군중들이 거리로 쏟아져 나와 서로 축하하는 풍습이다. 단식의 '샤움'은 우리말로는 '(밤) 새우다'이다. 라마단 월 마지막 날에 밤을 새우는 데서 '샤움'이라고 했다.

⑤ 순례(하주)

: 모든 무슬림은 매년 하주의 달(이슬람력 제12월)에 카바 신전 부근 또는 메카 북동쪽 교외에서 열리는 대제(大祭)에 적어도 일생에 한 번은 참가할 의무가 있다.

한자로는 '賀(하례할 하)'+'周(두루 주)'='하주'라 생각된다.

3) 수니파, 시아파

수니파와 시아파의 두 종파는 이슬람교의 창시자인 무하마드의 사후에 이슬람 공동체의 수장인 칼리프를 선출하는 과정에서 형성됐다. 수니파와 시아파 갈등의 유래는 1400년 전까지 거슬러 올라간다. 632년경에 이슬람교 창시자 무함마드가 사망한 뒤, '후계자인 칼리프를 누구로 볼 것이냐' 하는 문제로 두 종파가 갈라졌다.

수니파는 『코란』의 절차에 따라서 무슬림 공동체(움마) 합의에 의한 4명의 칼리프를 모두 정통 후계자라고 주장한 반면에, 시아파는 무함마드의 사촌이자 사위인 알리 이븐 아비 탈리브만을 후계자로 인정했다. 혈통을 통해 움마의 지도력이 유지될 수 있다는 근거에서였다. 갈등을 겪던 수니파와 시아파는 680년경에 칼리프직을 놓고 정면충돌한 카르발라 전투를 계기로 완전히 갈라섰다.

'수니'는 우리말로 '순리(順理)'다. '순리'는 '순한 이치나 도리, 또는 도리나 이치에 순종하는 것'을 뜻한다.

'시아'는 우리말로 '사위(딸의 남편을 이르는 말)'다. 무함마드의 '사위'를 뜻한다.

무슬림 공동체인 '움마'는 우리말로 '움막'이다.

① 지하드

: 이슬람교를 전파하기 위해 이슬람교도에게 부과된 종교적 의무로, 성전(聖戰)이라고 번역하는데, 이는 신앙이나 원리를 위하여

투쟁을 벌이는 것을 의미하기 때문이다.

지하드는 우리말로 '이를 지(至)'다. 즉, '지하드'는 '지하다', '이르다', '도착하다'다.

이것으로 보면 이란 또한 우리 민족과 무관할 수 없다.

· 9 ·
영어에 남아있는 우리말

영어는 거의 전부 우리말의 고어, 한자, 현재 사용하는 말이 알파벳으로 써진 언어이다.

우리 모두 학창 시절에 영어 단어를 접하면서 '어! 이거 우리말하고 비슷한데?'라고 생각한 적이 한 번쯤은 있을 것이다. 필자는 우연히 유튜브에서 '영어는 우리말에서 왔다'라는 영상을 보았다. 영어에 한자가 278개나 들어있다는 것이다. '그렇다면 영어는 우리말인데?'라는 생각에 『강성태 영단어 어원편』이라는 책을 구입해서 영어의 어원에는 우리말이 몇 개나 있나 봤더니 전체 어원 333개 중에서 접미어를 제외한 295개가 우리말로 해석이 가능한 어원이었다. '그러면 영국이 우리의 지배를 받았나? 어떻게 이럴 수가 있을까?' 하는 의문에 역사책을 뒤져봤더니 영국이 우리의 식민 지배를 받았다는 사실을 알 수 있었다. 지금부터 약 1650년 전에 유럽을 정복한 훈족(흉노족)은 약 100년간 영국을 지배했다. 훈족은 우리 민족이었다. 그래서 영어가 전부 우리말이었던 것이었다. 독일도 그 당시 우리의 지배를 받았지만, 험한 지형으로 인해서 일부 지역만 점령되어서 말의 변화가 많지 않다. 그러나 어쨌든 독일어에도 많은 우리말이 존재한다. 그 당시 영국은 섬으로 이주하기 직전의 상황으로, 지금의 덴마크 지역에는 유트족, 앵글족, 색슨족이 살고 있었다. 영어는 일일이 나열할 수 없을 정도로 많아서 『강성태 영단어 어원편』의 어근을 우리말로 책 뒤에 풀어 놓았다.

· 10 ·

인더스 문명에 남아있는 우리말

인더스 문명을 일으킨 민족은 드라비다족이다. 드라비다 민족은 우리와 같은 민족으로, 중앙아시아의 파미르 고원에서 분리되어 나와 인더스강에 도착하여 인더스 문명을 일으켰다.

드라비다어에 속하는 타밀어에 남아있는 우리말을 캐나다에 사시는 한운섭 님이 '캐나다 토론토의 한국타밀연구회 추적조사'라는 제목으로 인터넷에 올린 글을 단어 몇 개를 선별해서 인용해 보겠다.

<인더스 문명에 남아있는 우리말>

타밀어	우리말
삼아티	양자(양녀)로 삼다
문투	먼저
딸라이쿠	떨어져
엘루	오르다
켈	캐다
파투	붙다
딸리, 뚜라	떨어져
군디	궁디(궁둥이)
다라수	달아보다
물로가반누	목욕하다
이루	있다
타쿠, 타투, 타꾸	때리다
바람	바람
바라만안담	바램
알	얼
반달	바닥
푸뜨	풋(새로운)
카다	깨다
가라이	갈라지다
팍돌	벽돌
완다	왔다
아나이	안아

나비	고양이(나비)
구가이	굴, 구멍
가뚜	가두다
꾸치알리두	꾸지람
어루	오르다
달러부	달라붙다
구름	구름
사리	쌀쌀한
산다이	싸움
아루달	어르다
보투니람	보통
묻우	묻다
가뚜	가둔다
벨	정벌하다
시타이	쓰다
주룽구	줄어들다
바로가리	바로 가다
파탄날리부	파탄
무디	묻다
구타두	굿하다
달라	달려있다
테티	때
날	날(日)

탈에베두	머리를 베다(머리=탈에)
어프비따	엎어뜨리다
세따	섰다
캘루	캐다
달루가이	다르다고 함
속잇탈	속이 탈 나다
밧탄('탄'은 사람을 가리킴)	바치는 사람
사(死)	사(死)하다
타르끼	다르게 말하다
티리	(비)틀어

여기까지 인용해 봤다. 비교언어학 분야의 강길운 박사님에 따르면 약 1,800개의 단어가 같다고 한다.

여기서도 일상적으로 쓰는 말에서 한자가 발견된다.

· 11 ·
메소포타미아 문명에 남아있는 우리말

세계 최고(最古)의 문명은 기원전 4000년 전에 수메르인에 의하여 탄생한 티그리스강과 유프라테스강을 중심으로 발달한 문명이다. 사람이 살기 시작한 것은 그보다 훨씬 이전의 시기지만, 문명이 가장 발전한 시기는 우리 민족이 이동해 온 이후이다.

메소포타미아 문명의 해명은 아시리아학의 발달과 밀접한 관계가 있다. 인류는 19세기에 접어들면서 설형문자의 해독과 유적의 고고학적 발굴을 병행해서 진행하였는데, 독일의 G. F. 그로테펜트(G. F. Grotefend, 1775~1853)와 영국의 H. C. 롤린스(Henry C. Rawlinson, 1810~1895) 등의 노력으로 페르시아어가 먼저 해독되었다.

그중에서 롤린스에 의한 베히스툰(Behistun) 부조에 3개 국어로 쓰인 다리우스 대왕의 전승 기념 비문에 대한 해독(1847)은 특히 유명하다.

한편, 1842년부터 주오스만투르크 제국의 영사로 파견된 프랑스인 P. E. 보타(Paul Emile Botta, 1802~1870)가 아시리아의 수도였던 니네베(Nineveh)와 코르사바드(Khorsabad)를 발굴하여 약 2만여 권의 책자로 된 고문서를 발견함으로써 아시리아학이 탄생하게 된다.

설형문자는 그 후 엘람어, 바빌로니아어, 수메르어 등이 연이어 해독되었다.

다음은 김상일 박사(한신대학교)님의 수메르어와 한국어의 비교를 인용해 보았다.

<수메르어와 한국어의 비교>

수메르어	우리말
AB, ABBA BAB, PAP	'아바'→'아버지'
A-LA	'얼'→'인간의 정신'
AN ANU	하늘, 하느님
AG, AKA	아가, 아끼다
A-NA	어느, 어디
ASH on(수메르어의 수사)	아시(제일 처음이란 뜻. 아직도 경상도 일대에서는 'DIL'로도 읽고 쓰이는 말이다. 아시 빨래는 처음 빨래를 의미한다)
A-SUNG, A-SHUGI	서리(霜)
A-SUR, A-SURRA	오줌(尿)
A-ZAD	아프다
BA, BAR	반(半)
BA, BI(지시대명사)	그, 저것
BAB-ABR(BAR-BAR)	밝(白, 光明, 日中)
BAR other, another	밖(밧, 밧ㄱ, 밝, 바)
BAR companion	벗, 더불어
BAR	범(虎)
BI BIL-GI(BAL, GI) The fire God	비추다, 빛
BIR	떡을 빚다
BIR	물이 불어나다

BIR prayer	빌다
BIR	빛
BU, BUR	벌어지다
BUR, BURU	굴(窟)
DA, TA, DU	닿다
DAB, DIB	잡다
DAD-DIL(힘센 사람) The King DA-GAL	대갈(머리)
DAG, DAB	돕다
DAG, ZA	돌
DAL	달아나다
DAL, DALLA	달(月)
DIM	기둥
DIN-GIR, DI-GIR	뎅그리(단군)
DU	만들다
DU	둑, 언덕
DU	더불어, 터(基)
DUB	덮다
DIM a post	기둥
DUL	덮다, 두르다
DUKKA-BUR DUG	독(甕)
DUM	돛
EN-GAR	밭 갈다

ESH=IR=ER	~로
ESH	셋
FUH-HI BIL-GI=BAL-GI=GI-BAL	복희, 불
GA	가(家)
GAB	같다
GAB	가슴
GAL	구름
GAL	가람(江)
GAL	가르다
GAL, GALA	갈레
GAM	검(劍)
GAM-MAL	감-말=검은 말. 말=낙타 (여기서 영어의 cam)
GAN	한(全)
GAR	(맷돌로) 갈다
GE	귀(耳)
GE	가(끝부분)
GE GAR, GUR	글 (예전 글자는 그림으로 되어 있었다)
GE, GA	가득 채우다
GEN	간다
GI, GID	긴(길다)
GI, GIN	줄기(幹)

GIL	길
GU	목구멍
GUG	건(黑)
GUL	궂(惡), 궂은일
GUL sculpture	글
GUN	군(郡)
GUR(=BUL)	굴(窟)
GUR	끊다
GUR	구르다
GUSH-KIN	구지[仇知, 원시 한반도 언어로서, 삼국 시대까지만 하더라도 금을 구지라 불렀다. 'KIN'은 금(金)을 의미한다]
I, IA	위(높은)
IGI-GAL	어질다
IL, ILI	일어나다, 일다
IM-BAR	바람(風)
IN-GAR KAL	가리다
IR, ER, ESH	울다
KAL	칼
KI, The Earth	기(여기, 저기, 거기, 장소를 의미하는 불완전 명사. 옛날에는 성읍, 신전을 의미했다)
GU	고기
KUD	끊다

KUM	검다
KUR	구릉, 언덕 구(邱)
LAL	랍(꿀), 밀봉(꿀벌)
LI	~로
LIL, LILLA	바람, 얼
MA, MU	말(馬)
MAG	맨, 맏, 마구, 많이
MASH MASH-MASH	맑은
ME	신에 대한 속성, 신이 세상을 다스리는 기준, 척도, 얼마(향가에는 '마'가 불완전 명사가 아닌 옹근 명사로 '度數'를 의미한다)
ME	매(물의 고어)
MES	므스마(사내아이)
MU	무당
MU	나무
MU	무(武)
MUD	먹, 묵
MUN-SUB, MU-SUB	무섭다(어두워서 해가 지는 상태)
NA	이것, 저것
NE	이것
SHI	저것
NAME	누구
NAM	낳다, 남(生)

A-NA-AM TAR NAM-TAR	짜르다(운명을 얘기함)
NAR	노래
NE=NER=SHER	날(日)
NIM	님
NI, LI	기름(脂)
PA	파다, 보(洑)
PIL, BIL, BAL	불
PESH	(아기를) 배다
PIL	팔
PIL	벌레
RA	~로
SA	살다
SA	싸우다
SAR	(글을) 쓰다
SHAB=SHAM	가슴
SHAM, SAM	(물건을) 사다
SAR	살(한, 두, 세), 설날(新年)
SHE, SHUG	수수, 옥수수, 씨
SHU	서(書)
SHU	숨다
SHU	수(數)
SHU-SHAN	스물

SHUM	숨을 끊다(죽이다)
SI	시다, 쓰다(맛)
SIG	슬프다
SIL, SILA	짜르다, 절(節)
SIR, NUL	날(日)
SU	수(手)
SU	입술
SU	수염
SUB	줍다
SUN, SUM	주다
SUR	슬픔
SUR	소리
TA, DA, DU	닿다
TAB	타다
TAB	더하다
TAR	타다
TE	태(胎)
U	우, 위(上)
U	와(…와)
UB	읍(邑)
UB, IB, IBBI	이웃
UM, UMME-GA	엄마
UR	울다

UR(수메르의 수도 우르)	왕, 지배자
UR, URA U-RU, U-RIN	어른
URU-DU	구리
ZA, SI, DAG	돌(石)
ZAE, ZA	자네
ZI	주다
ZI	짜다
ZI	씨
ZUR, SUR, prayer, worship, priest	스님(僧)

'ZUR'은 우리말로는 '주(呪: 빌 주)', 'SUR'은 '술(術: 꾀 술)'이다. '呪'나 '術'처럼 많은 한자가 그 시기에도 일상적인 말로 쓰이고 있었다.

이상에서와 같이 수메르 문명은 우리 민족이 일으킨 문명임이 증명되었다. 여기서 주목해야 할 것은 일상적으로 쓰이는 말이 한자였다는 사실이다. 우리가 알고 있는 한자(漢子)는 중국의 문자가 아니고 우리가 일상적으로 쓰는 말이었다.

· 12 ·
황하 문명에 나타난 우리말

황하 문명은 황하 중하류 지역에 기원전 약 2000년 전에 성립한 문명이다. 중국 역사에 은나라로 기록된 민족들이 만든 문명이다. 은나라는 '상나라'라고도 하는데, 우리 민족이 세운 나라이다. 1899년에 은나라의 옛 왕도 자리인 은허에서 갑골문자가 발견되었다. 점을 치는 용도로 만들어졌다고 하며 약 3,000자가 발견되고 절반 정도가 해석되었다고 한다. 이렇듯 우리 민족은 세계 4대 문명을 모두 만든 민족이다.

· 13 ·
남아메리카와 북아메리카에서 발견되는 우리 민족의 흔적

미국 부근에는 큰 유적들은 없지만, 생활 도자기 등이 미시시피 강 유역에서 대량 발견되는 것으로 보아서 미국 주변에 상당히 많은 사람이 살았음을 알 수 있다. 특히 도자기에서 발견되는 태극 모양은 남아메리카는 물론이고 북아메리카에서도 발견되며, 심지어 두 부족 간에 왕래가 없어도 태극 모양이 발견된다.

북아메리카에는 최초의 문명인 올메카 문명(기원전 10세기~기원전 1세기)과 돌태가 문명(기원후 9세기~11세기), 아스테카 문명(14세기~16세기), 마야 문명(기원전 1세기~9세기)이 존재하고, 남아메리카에는 페루의 차빈 문명(기원전 10세기~1세기), 모체 문명(1세기~7세기), 잉카 문명(13세기~16세기)이 존재했다.

이들은 한반도에서 시차를 두고 베링해를 건너 남아메리카와 북아메리카로 간 우리 민족이었다. 이들은 빙하기 때 얼음 위를 건너간 것이 아니고 배를 타고 알류샨열도를 지나서 북아메리카에 도착했다. 알래스카 동쪽에 도착한 이들이 에스키모인들이다. 특히 아스테카 문명을 일으킨 이들의 놀이 풍습은 어릴 때 우리가 하던 숨바꼭질, 공기놀이, 팽이치기, 죽마 놀이, 고누놀이, 자치기 널뛰기, 달집태우기, 구슬치기, 그네, 굴렁쇠, 사방치기(비석 치기, 마룻돌 놀이), 씨름, 제기차기 등인데, 이는 바로 우리의 모습이다.

이처럼 지구별 전체에 최초의 문명을 일으킨 민족이 바로 우리 민족이다. 어떻게 지구별 전체에 태초의 문명 성립이 가능했을까. 그 원인을 찾으러 여행을 떠나 보자.

· 14 ·
우리 민족의 탄생

1) 우리 민족의 탄생

인류는 약 800만 년~500만 년 전에 아프리카에서 태어났다. 그 중 한 갈래는 유럽으로 가고, 한 갈래는 유라시아 쪽으로 왔다. 한 갈래는 해 지는 곳, 한 갈래는 해 뜨는 곳으로, 수십만 년에 걸쳐서 천천히 이동했고, 많은 사람이 한반도에 정착했다. 특히 기원전 1만 8000년에서 기원전 1만 5000년 전은 인류 역사상 가장 추웠던 시기로, 많은 사람이 해 뜨는 쪽으로 이동했기 때문에 문명 발생이 서쪽보다 유리했다고 본다. 지구상의 사람들이 얼어 죽지 않기 위해서 한반도 쪽으로 이동했고 불을 피울 능력이 없는 무리는 동사했다고 봐야 할 것이다. 한반도에서 최초로 발견된 인류의 증거는 약 100만 년 전의 구석기 유적이다. 그 시대에 살던 구석기인들은 약 75000년 전에 거의 멸종했다. 인도네시아 수마트라섬의 토바 화산의 대폭발로, 화산재가 태양 빛의 90%를 가리고 화산재도 15㎝가량 쌓였다. 그 결과로 기온이 급강하하여 지구 평균 온도가 영하 1℃까지 내려갔으며, 강우량도 급감하였다. 또한, 극심한 한파가 약 6년 동안 지속되어 생물의 성장이 급속히 저하되었다. 약 6만 년 전에는 오직 수천 명만이 살아남았다고 한다.

즉, 기원전 1만 8000년에서 기원전 1만 5000년 전은 가장 추웠던 시기로 이 시기의 바다는 지금보다 약 100m 정도 낮아서 한반도와 제주도와 중국 산둥반도는 연륙되어 있었고, 서해는 작은 호수에 불과하였다. 지구는 1만 5,000년 전 이후에 점점 따뜻해지기 시작했다.

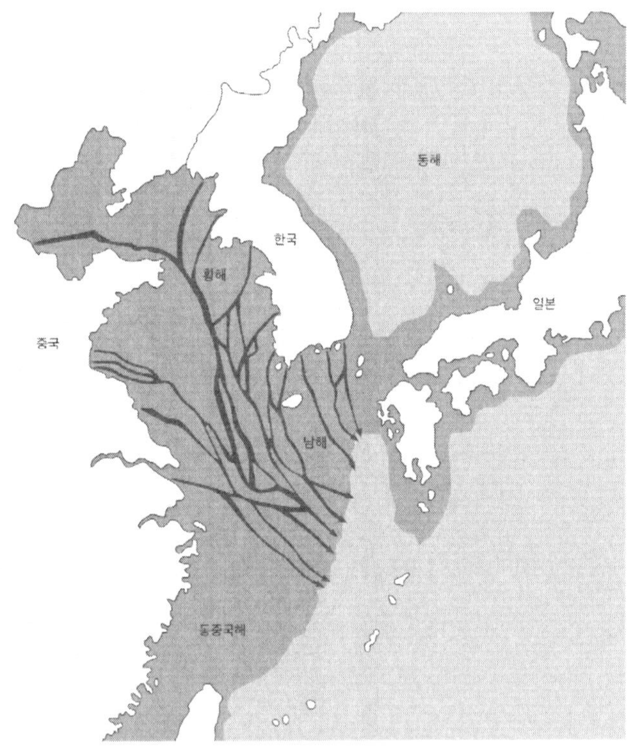

[약 2만 년 전의 한반도의 모습]

동북아시아 지역을 이 기후, 기온 변화에 대입하면, 북위 40도선 이북 지역에서 가장 추웠던 기원전 1만 8000년부터 기원전 1만 5000년 전에는 사실상 생물이 거의 생존하기 어려웠다고 볼 수 있다.

그 이남은 빙하로 덮이는 것은 면했으나, 백두산 일대의 고원 지대와 북위 40도 근접 지역은 빙하로 인해서 인류가 생존하기 어려웠으리라 생각된다. 얼어 죽지 않기 위해 해를 쫓아서 많은 사람이 동쪽으로, 동쪽으로 이동해서 한반도에 지구 인구의 70%가 모였을 것으로 생각된다. 구석기인들 가운데에서 가장 활동적으로 움직인 인간들은 해 뜨는 동쪽으로 끝까지 이동하여 한반도와 만주, 연해주, 시베리아로 이동해 왔지만, 약 1만 5000년 전의 40도선 이북의 구석기인들은 40도 이남으로 이동하지 않는 한 모두 얼어 죽었거나 혹은 굶어 죽거나 병들어 죽었다고 봐야 할 것이다. 실제로 그 시기에 3~5차례 정도의 대규모 동사 사건이 있었다고 한다.

여기서 중요한 사실은 북위 40도 이북은 사람이 살지 못하는 동토의 땅이었다는 사실이다. 지구의 40도 이북은 텅 빈 땅이었기 때문에 날씨가 따듯해지고 식량 생산이 많아지면서 인구가 폭발적으로 증가해서 우리 민족이 전 세계로 퍼질 수가 있었다. 전 세계는 거의 우리 민족의 땅이었다. 유럽보다 훨씬 많은 사람이 살았기 때문에 문명이 일찍 발달할 수 있었다.

한편, 충북 청주시 청원군 옥산면 소로리에서 기원전 1만 2000

년 전의 인류 최초의 벼농사 흔적이 발견된다.

벼농사 흔적이 발견되었다는 것은 인구 증가로 인해 수렵만으로는 식량이 부족해짐에 따라서 많은 사람이 집단으로 노동을 했다는 증거다. 필자는 인류 최초의 문명이 시작된 곳이 바로 이 소로리라고 생각한다. 그로부터 4000년이 흐른 기원전 8000년 전에 현재 중국 요하에서 요하 문명이 탄생한다.

이후로는 고조선 문명이라고 한다. 고조선 문명은 약 3000년 동안 번성하였다. 기원전 8000년부터 기원전 6000년까지의 약 2000년 동안은 기온도 따뜻하고 강수량도 풍부해서 인구가 많이 증가한다. 필자는 이 시기가 인류가 지구상에 태어나서 가장 행복을 누렸던 시기로 본다. 이 시기는 낙원이요, 에덴동산이라고 생각한다. 천문, 지리, 음양오행, 문자도 이 시기에 만들어진다. 그런데 기원전 6000년부터 기원전 5000년까지의 약 1000년 동안에 이 안정된 사회를 흔들어 놓는 일이 발생한다. 바로 백두산의 대폭발로 많은 사람이 정든 땅을 버리고 고향을 그리며 서쪽으로 이동하게 된 것이다. 기원전 5000년 전 이후에는 강수량이 급감하고 지진으로 수맥도 끊겨서 그곳에 살던 사람들이 뿔뿔이 흩어진다. 우리 역사에 등장하는 거란족, 말갈족, 숙신, 만주족, 선비족 등은 모두 같은 우리 민족이다. 한반도에서 멀리 떨어져서 오래 살아서 달라 보일 뿐이지, 그 실체는 같은 뿌리다. 우리가 알고 있는 수우족, 체로키족, 호피족, 아파치족, 퐁카족, 아니시 보안족 등 많은 아메리카 인디언들도 모두 같은 우리 민족이다.

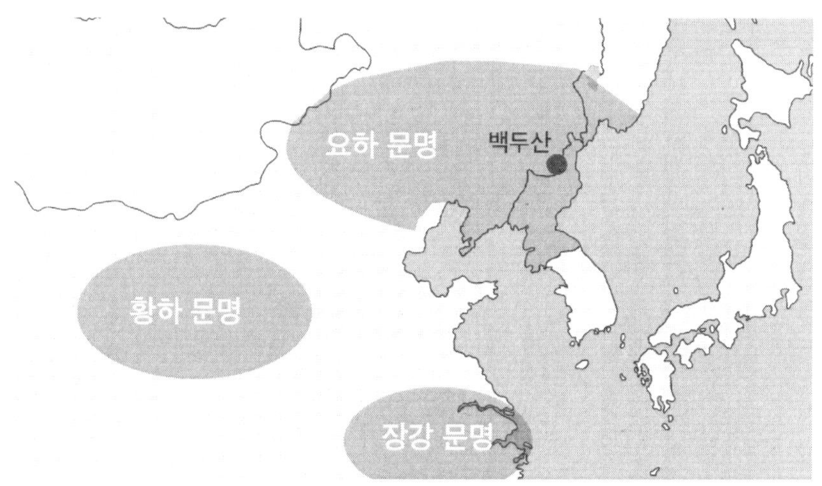

[고조선 문명의 기원과 요하 문명]

2) 파미르 고원으로 이동한 우리 민족

기원전 6000년 전에 백두산에서 대폭발이 일어났다. 당시 화산재의 분출량은 약 13.6억 t이나 되었다.

깜짝 놀란 신석기인들의 대규모 이동이 시작되었다. 문자, 천문, 지리, 옥 가공 기술, 농업, 축산 등 인류 최초의 문명을 간직한 사람들이 고향을 등지고 서쪽으로 이동한다. 그 당시의 지구는 지금 기온보다 높아서 중부 지방에서도 무궁화가 자생할 수 있는 기온이었다. 지금의 제주도 기온이 그 당시 중부 지방의 기온이었다. 고향을 떠난 사람들은 오늘날의 스탄 지역(파키스탄, 아프카니스탄, 타지키스탄, 투르크메니스탄)인 파미르 고원에 도착한다. 타지키스탄에서 발견된 사라즘 유적은 우리 민족의 작품이다. '스탄'은 땅의 옛말이다. 이처럼 중앙아시아 전체에 우리 민족이 살면서 백인과 우리 민족의 혼혈이 탄생한다. 현재 이란, 터키, 헝가리, 시리아 등 거의 모든 유럽 사람과의 혼혈인이 탄생한다. 또한, 이 시기 역시 기온이 높고 강수량도 풍부한 시기여서 인구가 폭발적으로 증가한다. 한 무리는 메소포타미아 쪽으로 이동하여 수메르 문명을 탄생시키고, 한 무리는 인더스강 유역으로 가서 인더스 문명, 또 한 무리는 나일강으로 가서 이집트 문명을 일으킨다. 다음으로는 아리랑의 뜻을 알아보자.

3) 아리랑의 뜻은 뭘까

중앙아시아에서 가장 긴 아무다리야강은 파미르 고원에서 발원하여 우즈베키스탄과 투르크메니스탄, 아프카니스탄 등과 경계를 이루며 아랄해로 흘러 들어간다. 아랄해로 흘러 들어가는 또 하나의 강은 시르다리야강이다. 시르다리야강은 키르기스스탄의 톈산 산맥에서 발원하여 우즈베키스탄과 카자흐스탄을 지나서 아랄해로 흘러 들어간다.

머나먼 이국땅 우즈베키스탄, 투르크메니스탄, 아프카니스탄, 카자흐스탄 등의 나라를 흐르는 아무다리야강과 시르다리야강 그리고 아랄해에서 우리의 아리랑의 뜻을 찾을 수 있다.

여기서 '다리야'는 튀르크어로 강이라는 뜻이기 때문에 '아무강',

'시르강', '아랄해'로 부를 수 있다.

그러면 아리랑을 불러 보자.

"아무아무랑~ 시르시르랑~ 아랄(알+알)이가 났네~"로 부를 수 있을 것이다.

'아무'는 암컷', '시르'는 '수컷'인데, 이 둘이 만나서 '아랄(알+알=쌍둥이)을 낳았네'란 뜻으로 해석하면 큰 무리가 없을 것이다. 우리가 부르는 아리랑을 불러보면 "아리아리랑~ 쓰리쓰리랑~ 아라리가 났네~"이다.

두 개의 아리랑을 하나로 만들어 보면 "아리아리(아무아무)랑~ 쓰리쓰리(시르시르)랑~ 아라리(아랄=알+알=쌍둥이) 났네(낳네)~"로 부르면 될 것이다.

여기서 '암(암컷)'은 '아름다운(아리따운)'의 뜻을 가진 '아리'로 변하였고, '시르'는 여태껏 우리가 몰랐던 '수컷'의 고어로 '쓰리쓰리'로 변하였다. '시르'는 수컷을 나타낸다. 즉, '사나이'란 뜻이다.

다시 한번 아리랑을 불러 보자. '아름다운 娘(아가씨 랑)'과 '사나이(남자) 郞(사나이 랑)'이 '알+알=쌍둥이를 낳네'이다. 즉, '여자와 남자가 만나서 쌍둥이를 낳았다'라는 뜻이다.

또 다른 아리랑으로는 "아리랑 아리랑 아라리요~ 아리랑 고개를 넘어간다~"라는 노래가 있다.

이것은 무슨 뜻인가. '아리'는 '아리따운'이고 '랑'은 '娘(아가씨 랑)'을 의미한다. 이를 해석해 보면 다음과 같다.

"아리따운 '娘'~ 아리따운 '娘'~ '아랄(알+알=쌍둥이)'을 낳았네~ 아름다운 '娘'이 고개를 넘어간다~"

'사나이'의 어원이 '시르'라는 것을 알 수 있다.

'시르(수컷)'+'이(사람)'→'시느이'→'사나이'로 변한 것이다.

그러면 '암(암컷)+이(사람)'는 없을까?

필자가 그런 의문을 가지고 인터넷으로 검색해 봤더니 대만에 고산족인 아미족이 있었다.

대만 동부의 평지에 사는 고산족으로 모계 친족 사회를 이루어서 집단을 꾸려나간다고 한다.

깜짝 놀랄 만한 일이다. 대만의 원주민과 우리 민족이 같은 민족이라니, 놀라지 않을 수 없다.

[약 6000년 전에 우리 민족이 이동한 발자취]

1995년 페루 남부 안데스산맥, 만년 빙하로 덮인 해발 6,309m의 한 산봉우리 아래에서 우연히 14살 된 여자아이의 미라가 발견되어 전 세계의 비상한 관심을 끌었다. '화타니'라고 이름 지어진 이 미라는 죽자마자 얼어서 550여 년이 지났지만, 일부 세포는 아직도 생생했기 때문이었다. 미국과 페루 의료진들은 아메리카 원주민의 기원을 밝혀보기 위하여 심장 세포를 떼어서 정밀 DNA 검사를 한 후 다음과 같이 발표했다. 이 유전자 검사 결과에는, 우리 민족과 타이완(대만)만이 아메리카 인디언의 조상이라고 분명히 나타나 있다. 여태껏 의문을 품고 있었던 것을 알게 되어서 매우 기뻤다.

대만의 고산족인 아미족은 우리 민족으로서 인도를 떠나 백제로 오던 중에 중간에 있는 섬에 머문 백제인의 일부였다. 제주도도 대만처럼 백제로 가는 길목에 있는 섬으로, 제주 방언 역시 백제인들이 썼던 말로 그 뿌리는 타밀어라 생각된다. 필자가 타밀어라 말하는 이유는 영어 어근에 있는 많은 말이 제주 방언에서 많이 나왔다는 점 때문이다. 타밀어가 영어에 많이 존재하는 것으로 보아 육지 사투리와 많이 다른 제주 방언의 기원은 타밀어라 생각된다.

책 뒤에 나열해 놓겠지만, 필자는 'Memory(기억)'가 우리말이라는 사실을 알고 무릎을 쳤던 기억이 지금도 생생하다. 우리말이 알파벳으로 쓰여 있는 것이다. 'Mem(멤)'은 '몸'의 사투리다.

'or(오르)'는 '두더지'의 제주 방언이다. '몸에 새겨진 두더지 자국'

이 'Momery(기억)'인 것이다. 제주 방언에 '오르'가 없었더라면 더 많은 시간이 걸려서야 영어가 우리말이라는 것을 증명할 수 있었을 것이다. 얼마나 다행스러운 일인가. 앞으로도 '방언'을 열심히 탐구하고 가꾸어 나가야겠다.

어떻게 파미르 고원에서 아리랑의 기원이 발견될 수 있었나 하는 것은 파미르 고원이 우리 민족의 제2의 고향 같은 곳이라는 점에서 그 단서를 찾을 수 있다. 지금은 춥고 땅이 척박하지만, 그 당시는 지금보다 기온이 10℃ 이상 높고 강수량도 풍부한 파미르 고원은 최고로 살기 좋은 곳이었다. 그만큼 이곳에서 우리 민족의 발자취가 많이 나타난다. 타지키스탄에서 발견된 사라즘 문명은 기원전 4000년부터 기원전 3000년경에 살았던 인간의 유적지가 발견된 곳이다. 고조선 문명의 사람들이 백두산 화산의 대폭발로 정든 고향을 등지고 도착해서 최초로 만든 문명이다. 지리적으로 메소포타미아와 인더스강 상류 쪽에 위치한 문명은 인구가 폭증하면서 메소포타미아와 인더스강으로 이동해서 각각 문명을 일으킨다. 대부분 고대 문명의 멸망은 침략을 당해서 망했다기보다는 강수량과 밀접한 관계가 있다. 고조선 문명도 약 5000년 전에 강수량이 급감하고 지진으로 단층이 끊어져 지하수가 흐르지 않아서 문명이 멸망한다. 인더스 문명이나 수메르 문명 또한 급격한 강수량 감소로 인해서 문명이 사라진다.

4) 인도는 우리와 무슨 관계인가

인더스 문명을 일으킨 드라비다족은 우리 민족으로서 현재 인도 남부, 파키스탄, 네팔, 아프카니스탄, 스리랑카, 이란을 비롯해서 동남아 전체에 퍼져 있는 민족이다. 드라비다족 중 일부는 고향을 떠났던 반대 방향으로 고향을 찾아가는 대장정을 시작한다. 고향을 찾아오려고 해안가로 배를 타고 해 뜨는 쪽을 향하여 수백 년간 이동해서 마침내 고향에 도착한다. 그들이 바로 선진 철기 문명을 갖고 들어온 가야인이다. 우리 역사에 언급되는 가야의 명칭은 실제로 인도에 있으며 석가모니도 인도의 부다 가야 사람이다.

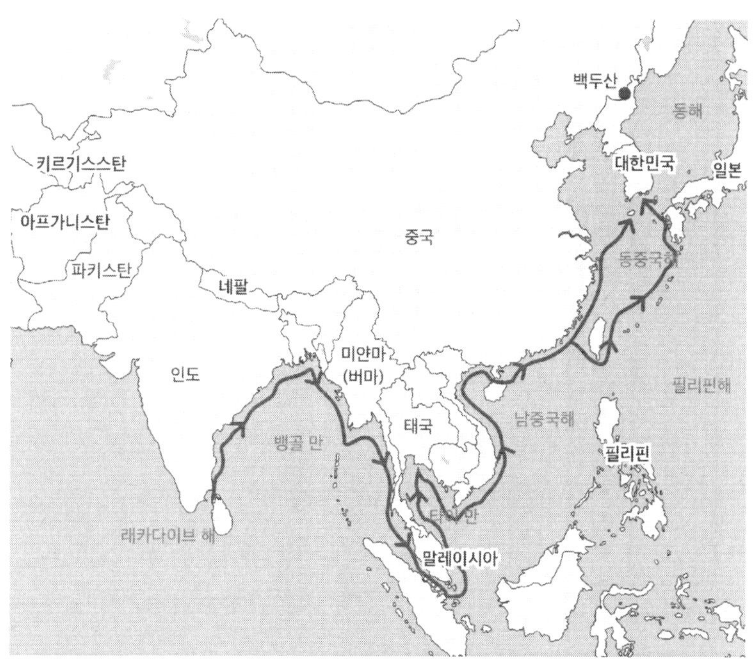

[인도에서 백제까지의 바닷길]

그들이 인도에서 출발해서 고향으로 올 수 있었던 이유는 많은 우리 민족이 해안가에 살고 있어서 식량을 공급받는 데 아무런 지장이 없었기 때문이다. 그렇기에 백제까지 올 수 있었다. 그들이 해안가를 따라서 우리나라에 오기까지 지나온 나라를 나열해 보자.

인도, 방글라데시, 미얀마, 태국, 말레이시아, 말라카 해협, 인도네시아, 캄보디아, 베트남, 중국, 대만을 거쳐서 우리나라에 도착한다.

대만에 거주하던 일부 우리 민족은 필리핀으로 건너갔다. 우리가 전혀 다른 민족으로 알고 있던 동남아 사람들은 실은 모두 우리와 같은 민족이었다. 이것이 백제(百濟)의 진짜 모습이다.

실제로 앞에 나열한 나라의 말에는 한자와 우리말이 변형된 형태의 말이 다수 존재한다.

인도를 얘기하면서 『삼국유사』와 『가락국기』에 등장하는 허황옥을 빼놓을 수 없다.

허황옥은 본래 인도 아유타국의 공주로, 상제(上帝)의 명을 받아 가락국 수로왕의 배필이 되었다.

아유타국은 인도 갠지스강 중류에 있는 아요디아라는 고을이라는 설과 태국의 아유티아라는 메남강 언저리의 고도(古都)라는 설이 있다.

어쨌든 둘 중 어느 곳에서든 허황옥이 출발해서 가야까지 온 것은 사실이다.

'어떻게 수천 리 떨어진 곳에서 배필이 되고자 찾아왔을까?' 하는 의문이 든다.

여기서 우리가 알 수 있는 것은 인도와 가야는 항상 왕래가 있었다는 것이다. 시간은 1년 혹은 수년이 걸리는지는 모르지만, 항상 왕래가 있어서 누가 장가갈 때가 되었고 누가 시집갈 때가 된 것을 알 수 있었다. 백제가 망하기 전까지는 왕래가 계속 있었다고 보는 것이 정확할 것이다. 이런 사실을 보면 임진왜란 때 고추가 들어왔다는 말은 이해하기 어렵다. 그보다 1000년 정도 앞선 시기에 이미 고추가 전해졌다고 봐야 할 것이다.

5) 베트남과 우리 민족은 어떤 관계인가

우리나라, 중국, 일본, 베트남은 한자 문화권의 나라다. 여기서 주목해서 볼 나라가 베트남이다. 일본은 백제의 일부였다는 것은 잘 알고 있지만, 베트남이 백제의 일부였다는 것을 아는 사람은 거의 없을 것이다. 백제가 멸망하고 몇 년이 지난 후에 백제 부흥 운동이 일어나는데, 그때 '흑치상지'란 인물이 등장한다. '흑치상지(黑齒常之)'란 말에서 '흑치'는 '검은 이빨'이란 뜻으로 우리나라에는 없던 검은 이빨을 가진 사람을 의미한다. 현재 흑치를 가지고 있는 사람들은 베트남 사람으로서, 흑치를 만드는 빈랑 열매(현지어로 까우)를 치아 건강에 아주 좋다고 하여 지금도 씹는다. 이 열매를 씹으면 까만 즙이 나오는데 이 즙이 치아를 까맣게 만든다. 흑치상지는 백제의 멸망 소식을 듣고 수천 리 밖에서 군대를 이끌고 백제를 구하러 온 백제인이었다. 일본 또한 백제의 일부였기 때문에 백제의 패망 소식을 듣고 많은 군사를 백제에 보내지만, 내부 갈등으로 인해 백제는 끝내 회복하지 못하고 역사 속으로 사라진다. 인도와 백제를 오가는 중간에 있는 베트남은 지리적으로 매우 중요한 나라였다. '베트남'은 어떤 우리말일까. 베트남 사람들도 '베트남'이라는 단어의 뜻을 모르는 것 같다. '베트(빛)'+"남('나다'의 명사형)"의 구조이다. 즉, '빛남'이다.

베트남 호찌민시를 지나면 남중국해로 흐르는 '메콩강'이 있다. '메콩강'의 '메'는 우리말로는 '물'이다. '수원'의 옛 이름이 '메골'이다. '콩'은 '넓을 홍(洪)'이다. 즉, '물이 넓은' 강이다.

'미시시피강'의 '미'도 '물'이라는 뜻이고 '미네소타'의 '미'도 '물'이라는 뜻이다. '미네소타'는 '물이 좋다'라는 우리말이다. 세계 최초의 문명을 우리 민족이 만들었기 때문에 유럽, 아시아, 남북아메리카에 있는 거의 모든 말은 우리말이다.

'방글라데시'는 어떤 우리말일까. '밝은 곳'이라는 뜻으로써 '발그라'→'방글라'→'데=곳'이다.

파키스탄도 우리말 '밝'+'스탄(땅의 고어)'이다. '밝'→'팍'→'스탄'='밝은 땅'이라는 뜻이다.

여기서 베트남어에 있는 한자를 유튜브에 나와 있는 '호찌민 정보통님의 우리말과 비스무리한 베트남 단어 100선'을 참고하여 20개 정도를 나열해 본다.

<우리말과 비스무리한 베트남 단어>

수메르어	우리말
기숙사(寄宿舍)	기 뚝 사
관리(管理)	리
주의(注意)	쭈 이
구역(區域)	쿠 역
속도(速度)	뚝 도
도시(都市)	도 티
아주(亞洲)	아 쩌 우
음식(飮食)	엄 ㅌ석
안전(安全)	앙 또앙
박사(博士)	박 시
보험(保險)	바오 힘
고급(高級)	까오 껍
지국(支局)	지 꾹
전쟁(戰爭)	진 짠
공안(公安)	꽁 앙
대학(大學)	다이 혹
대회(大會)	다이 호이
대리(代理)	다이 리
독립(獨立)	독 럽
유학(遊學)	유 혹

백제(百濟)가 왜 백제(百: 일백 백+濟: 건널 제)인지, 이제야 그 뜻을 알 것 같다.

6) 영국은 우리의 식민 지배를 받았다

약 3000년 동안 중앙아시아의 스텝 지역에 거주하던 우리 민족이 역사에 다시 등장하는 것은 기원후 370년(흑해 정착)~435년(아틸라 사후 멸망 시기)까지 고대 로마의 쇠퇴기 때이다. 그 당시 우리 민족은 고대 로마의 몰락에 직간접적으로 큰 영향을 끼친 정체불명의 유목민들로 등장한다. 유럽 대륙을 정복한 정체불명의 무리, 훈족으로 등장하는 무리가 바로 우리 민족이다. 유럽 전체를 정복할 만큼 수많은 우리 민족이 유럽에 살고 있었다.

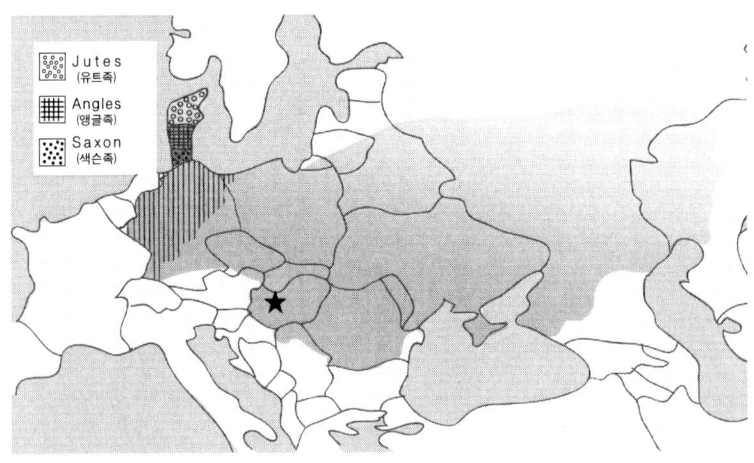

[370년경에 영국 민족이 거주하던 위치
(지금의 덴마크 지역)와 우리 민족이 점령한 영토]

훈족은 370년경에는 흑해 북안의 동고트족을 무찔러서 그 대부분을 지배하에 두고, 이어서 다뉴브강 하류의 서고트족에 육박했다. 서고트족의 일부는 훈족의 압박을 피하여 동로마로 이주하였다. 이 시기에 우리 민족은 현재의 독일 북부, 폴란드, 덴마크까지 점령했다. 여기서 주목할 것은 지금의 덴마크에 당시에는 3부족[유트족(Jutes), 앵글족(Angles), 색슨족(Saxon)]이 살고 있었다는 점이다. 즉, 영국 민족은 지금의 덴마크에 살고 있었다. 그래서 영국 민족을 만날 수 있었다.

지금의 영국은 로마가 점령하고 있었고 로마가 영국에서 철수한 이후로 3부족은 영국으로 이주한다. 영어의 어휘가 대부분 우리말의 영향을 받은 것으로 봐서는 훈족 멸망 시기까지 최소 60년에서 100년가량은 지배를 받은 것으로 생각된다. 덕분에 우리말의 풍부한 어휘와 동양적 사고가 고스란히 전달될 수 있어서 셰익스피어 같은 대문호가 탄생하지 않았나 싶다.

아틸라 사망 이후 일부 사람들은 스텝 지역으로 이동해서 살았고, 일부 많은 지배층 사람들은 무역로를 이용해 고향으로 대이동하여 신라에 도착하였다. 또한, 일부는 선조가 걸어온 반대 방향인 해 뜨는 동쪽으로 이동하여 시베리아를 가로질러 알래스카, 북아메리카, 남아메리카에 도착했고, 또 다른 많은 사람은 인도 쪽으로 갔다고 생각한다. 신라에 온 지배층 계급 중 유럽인들과의 혼혈인 투르크인들이 많이 왔다고 생각하는 이유는 신라의 무덤에서 백인 유전자가 상당히 많이 발견되었기 때문이다. 이렇게 대거 밀려든 사람들이 신라에 도착해서 당나라와 손을 잡고 고구려와 백제를 멸망시켜서 삼국 통일을 이룬 것이다.

7) 한자(漢子)는 우리 문자다

지금부터 8000년~5000년 전의 중국 요하에서 고조선 문명이 탄생한다. 고조선 문명에서 한자가 만들어졌다는 근거로는 수메르 문명과 이집트 문명, 인더스 문명을 일으킨 드라비다족의 언어에서 한자가 발견되었다는 사실을 들 수 있다. 한자는 우리가 늘 쓰는 우리말이었다. 그렇다면 한족(漢族)은 언제부터 어떤 연유로 한자를 쓰게 되었을까. 중국 역사서에 최초로 등장하는 은나라(상나라, 기원전 1600년경)는 우리 민족이 세운 나라다. 고조선 문명이 망하고 약 1000년 뒤에 황하에서 탄생한 문명이 황하 문명이다. 역사서에는 하(夏)나라가 먼저 나오지만, 하나라는 실체가 없는, 역사서에만 존재하는 나라라고 알려졌다. 최초의 문명을 우리 민족이 만들었으니 그들의 조상이 상나라보다 앞선 하나라를 만들었다고 역사책을 만들었는데, 중국 어디에도 하나라의 흔적이 나오지 않았다. 역사의 첫 단추가 거짓으로 만들어진 것이다. 중국 역사에 등장하는 많은 인물은 우리의 조상들(신농씨, 복희씨 등)인데, 마치 그들의 조상인 양 역사를 왜곡하고 있다. 한자의 기원이 된 갑골문자는 상나라 시대에 만들어진 문자다. 당연히 한자는 우리 민족이 만든 글자다. 우리 민족이 상나라 문명을 일으킬 당시에 화하족(華夏族)은 황허강 중상류 지역에 살던 민족이었다. 그들은 우리 민족에게 수천 년 동안 지배를 받던 민족이었다.

한자음만을 익힌 것으로 볼 때 그들은 우리 민족과 주종 관계가 명백하며 그들은 그들의 말이 없어서 앞선 문명의 글자를 열심히 익혀서 오늘날 그들의 글이 되고 말이 되었다. 중국의 지식인들은 한자가 우리 민족의 글자라는 것을 잘 알고 있을 것이다. 한자는 우리가 평상시에 사용하던 말이다. 중국말로 "안녕하십니까?"는 '你(너 니)'+'好(좋을 호)'+'嗎(꾸짖을 마)?'의 구조이다. 즉 "니 하오 마?"라고 읽는다. '니'는 우리가 평상시 쓰는 말인 '너'이다. '호'도 좋아하는 사람끼리 서로 좋아서 '호호' 하는 모습을 보고 만든 글자이고 '마'는 우리말로 '뭐', '무엇'을 나타낸 의문사다. 우리가 관심이 없어서 그렇지, 이렇듯 조금만 들여다보면 우리말이라는 것을 금방 알 수 있다.

상나라를 멸망시키고 난 이후로 그들은 한자를 애지중지하며 잘 보살펴서 오늘날까지 왔다.

초창기에 만들어진 한자는 우리 민족이 만들었고 상나라가 멸망한 후에 만들어진 한자는 화하족이 만든 문자다. 화하족이 만들었다 해도 그 문자를 만들려면 우리 민족에게 물어보지 않으면 만들기가 매우 힘들었을 것이다. 왜냐하면 한자로 한자를 표시하는 것은 굉장히 어렵기 때문이다.

예를 들어, 우리는 '하늘 천' 하면 '하늘'이라는 뜻을 금방 나타낼 수 있다. 그런데 그들은 어떻게 해야 했을까. '하늘'이라는 말이 없어서 '천'만 외쳐야 하며 '천'이 '하늘 천'인지, '내 천'인지 4성으로 표현하기가 굉장히 힘들었을 것이다. 반대말인 '땅'을 끌어 와야 간신히 그 의미를 간신히 전달할 수 있다.

한 가지 예를 더 들어 보자. '어질 현(賢)' 자를 예로 들어 보자. 우리는 '어질다'라는 말이 있기 때문에 '어질 현' 하면 되지만, 그들은 '어질다'란 말이 없다. 어떻게 설명해야 할까.

공자나 맹자를 예로 들면서 힘들게 설명해야 할 것이다. 중국의 최고 석학이 우리 민족이어야만 하는 이유가 바로 이런 이유다. 한자는 우리 민족이 아니면 설명이 불가능한 문자다. 그들이 한자를 잘 지켜냈던 이유 중 하나는 우리 민족이 그들 곁에 있었기 때문이다. 그들만으로는 한자를 절대 온전히 보존할 수 없다.

그들은 한자를 배우려면 영어의 발음 기호로 글자를 읽는다. 제대로 한자를 익히려면 우리말을 배워야 한다.

그래도 어쨌든 화하족이 잘 보존해서 한자가 지금에 이르렀다고 해야겠다. 지금도 그들은 그들의 선조가 그랬던 것처럼 고조선 문명을 어떻게 화하족의 것으로 할 것인가에 관해서 열심히 연구하고 있다. 하지만 어쩔 것인가? 전 세계에 퍼져있는 우리의 발자취를 지울 수는 없는 법이다. 아무리 열심히 때를 닦아도 흑인이 백인이 될 수 없듯이, 화하족은 한민족이 될 수 없다.

8) 맺음말

지금으로부터 약 12000년 전, 충북 청주시 청원군 옥산면 소로리에서 벼농사가 시작되었다. 그 당시는 기온이 오르고 강수량이 풍부해서 인구가 폭발적으로 증가한 시기였다. 그 당시의 기온은 지금의 기온보다 약 10℃ 정도 높았기 때문에 한반도 전체가 무궁화가 자생하기에 알맞은 기온이었다. 지금 우리의 나라 꽃이 무궁화인 이유는 이 당시에 한반도를 덮고 있었던 꽃이 무궁화였기 때문이다. 인구가 폭발적으로 늘어나자 서해안 사람들은 기온이 시원한 북쪽으로 이동하여 중국 요하(遼河)에서 집단으로 거주한다. 동해안에 거주하던 사람들은 서해안보다 좁은 면적으로 인해서 이른 시간에 인구가 포화(飽和)되어 일찍이 두만강, 아무르강에 도착했다. 그들은 한반도에서 민족이 형성되기 전인 이른 시기에 이동했기 때문에 지금의 말과는 많이 변형되었을 것으로 생각된다. 그들이 몽고족이다.

서해안을 따라 북쪽으로 올라간 사람들은 날씨가 한반도보다 시원한 요하강 주변에 집단으로 거주하다가 한반도를 떠난 지 약 4000년 만에 고조선 문명(8000년 전~5000년 전)을 일으킨다. 8000년 전부터 6000년 전까지의 약 2000년간은 인류가 지구상에 태어나서 가장 행복한 시기였다. 이 시기에 한자(韓子), 음양오행, 천문, 지리, 요가, 길쌈, 수레, 옥 가공 기술 등이 만들어지며, 지구별 최초의 문명인 고조선 문명이 탄생한다.

이후 지금으로부터 6000년을 전후로 백두산 대폭발이 일어나 많은 사람이 백두산의 반대 방향인 서쪽으로 대이동을 시작한다. 그 당시는 지금보다 기온이 10℃ 정도 높고 강수량도 많아서 지금의 사막은 당시에는 푸른 초원이었다. 우리 민족이 도착한 지역이 파미르 고원인 것은 사람이 살기에 적당한 기온 때문이었다. 적당한 기온과 적당한 강수량으로 인하여 인구가 폭증한다.

그 당시에 우리 민족과 유럽 민족의 혼혈이 발생하는데 그들은 현재 터키, 이란 등 중앙아시아 사람들이다. 인구가 늘면서 일부는 메소포타미아, 일부는 인더스강으로 이동한다. 메소포타미아로 간 사람들은 메소포타미아 문명을 일으키고, 인구가 늘면서 일부는 나일강으로 이동하여 이집트 문명을 일으킨다. 3000년 동안 유럽 전역에 퍼져있던 우리 민족이 역사에 다시 등장하는 시기는 370년인데, 훈족이라는 이름으로 등장한다. 유럽 일부 지역을 제외한 유럽 전체가 훈족의 지배하에 놓인다. 이때 훈족은 영국도 지배하게 된다. 영국에 위치는 지금의 덴마크 지역이었다. 약 100년간 유럽을 지배한 우리 민족은 아틸라의 사망과 함께 일부는 인도 쪽으로, 일부는 중앙아시아 스텝 지역, 일부는 신라 쪽으로 고향을 찾아서 동쪽으로 대이동을 한다. 많은 백인 유전자가 신라 무덤에서 발견되는 것을 볼 때 수많은 혼혈 민족이 고향을 찾아 신라지역으로 같이 왔다는 것을 알 수 있다. 인도 쪽으로 이동한 사람들은 해안선을 따라서 백제에 도착한다.

또 하나 주목해야 할 사실은 신라 무덤에서 발견된 개미핥기 토우다. 토우란 흙으로 만든 사람이나 동물의 상인데, 신라 무덤에서 남아메리카에 사는 개미핥기 토우가 발견된 것은 신라 시대까지도 신라와 남아메리카를 연결하는 길이 존재했다는 중요한 증거다.

이렇듯 우리 민족은 세계 최초의 고조선 문명을 전 세계에 퍼뜨린 민족으로서 어떻게 보면 전 세계에 우리 민족의 피가 흐른다고 해야겠다. 이런 위대한 우리 민족의 발자취를 중국인들이 자기 조상들의 역사인 것처럼 수천 년에 걸쳐서 왜곡하고 그것도 모자라 지금까지도 동북공정이라는 이름으로 암암리에 천천히 역사를 왜곡하고 있다는 현실을 우리는 직시해야 한다.

우리는 혼자가 아니며 전 세계인의 고향은 바로 한반도이다. 지구별의 모든 고대 문명은 모두 우리 선조들이 이루어 놓았다. 우리가 얼마나 대단한 민족인지 우리 모두가 알았으면 하는 간절한 마음으로 이 책을 펴낸다.

· 15·
영어의 어근에 있는 우리말과 한자

다음에 나오는 설명 중 '명접'은 '명사형 접미사', '형접'은 '형용사형 접미사', '부접'은 '부사형 접미사'를 의미한다.

1) sta=서다

우리말로는 '서다'이다.

- withstand-저항하다, 견디다-with(대항하다)+stand(서다)
- standard-수준, 기준-stand(서다)+ard(명접)
- standpoint-관점, 견지-stand(서다)+point(지점)

2) circul=원

'circul'은 '스이르그우르'→'실구르'→'실구리'로 변화했다.
'실꾸리'이다.

'실꾸리'는 '둥글게 감아놓은 실타래'를 의미한다.

- circular-원형의, 둥근, 순회하는-circul(원)+ar(형접)
- circulate-순환하다, 순환시키다-circul(원)+ate(동접)
- circumstance-상황, 환경-circum(원)+stance(서 있는 곳)

3) claim=외치다

우리말로 '그람', '그럼'을 영어로 써 놓은 것이다.

- exclaim-소리치다, 외치다-ex(밖으로)+claim(외치다)
- proclaim-알리다, 선언하다, 선포하다-pro(앞에)+claim(외치다)
- acclaim-칭송하다, 환호를 보내다-ac(~쪽으로)+claim(외치다)

4) close=닫다

우리말로 그릇의 고어인 '그릇'을 영어로 써 놓은 것이다.

- close-닫다, 끝나다, 폐업하다-close(닫다)
- closet-벽장-clos(닫다)+et(명접)
- disclose-밝히다, 폭로하다-dis(not)+close(닫다)

5) cult=경작하다

"cul('그우르'→'거루다')"+'t(다)'의 구조다.

'기르다'의 고어인 '거루다'를 영어로 써 놓은 것이다.

- cultivate-기르다, 재배하다-cult(경작하다)+(i)ve(형접)+ate(동접)
- culture-문화, 교양, 재배-cult(경작하다)+ure(명접)
- agriculture-농업-agre(밭)+cult(경작하다)+ure(명접)

6) dict=말하다

"dic('딕'→'닙'→'입')"+'t(다)'의 구조다.

우리말로 '입'의 고어를 영어로 써 놓은 것이다.

- dictate-받아쓰게 하다, 지시하다-dict(말하다)+ate(동접)
- dictionary-사전-dict(말하다)+ion(명접)+ary(명접)
- predict-예측하다, 전망하다-pre(먼저)+dict(말하다)

7) fa=말하다

'fa(화)'는 한자 '話(말씀 화)'를 영어로 써 놓은 것이다.

- fable-우화, 꾸며낸 이야기-fa(ble)(말하다)
- fame-명성, 유명세-fa(me)(말하다)
- fate-운명, 숙명-fa(te)(말하다)(신의 말씀)

8) fend=때리다

'fen(팬)'+'d(다)'의 구조다.

우리말로 '패다'의 활용형인 '팬'을 영어로 써 놓은 것이다.

- depend-방어하다, 수비하다-de(떨어져)+fend(때리다)
- fence-울타리, 장애물-(de)fence(방어하다)
- offend-기분 상하게 하다, 위반하다-of[~에 맞서(ob)]+fend(때리다)

9) fil=실, 선

우리말로 '실'을 써 놓은 것이다.

- filament-(전구 속에 든) 필라멘트 가는 실-fil(a)(실)+ment(명접)
- file-파일, 서류철-file(실)
- profile-옆얼굴, 개요, 윤곽선-pro(앞으로)+fil(e)(선)

10) gener=태생, 발생, 종류

'ge(地: 땅 지)'+'ner[닐: 일(起: 일어날 기)의 고어]'의 구조다.

'땅에서 일어나는', '땅에서 올라오는', '태어난', '많은 생명이 땅에서 올라오는'이라는 뜻이다.

- generate-발생시키다, 만들어 내다-gener(태생)+ate(명접)
- degenerate-퇴보하다, 타락하다, 변질되다-de(떨어져)+gener(태생)+ate(동접)
- general-일반적인, 전반적인, 장군-gener(종류)+al(형접)

11) gest=운반하다

'ges(젓)'+'t(다)'의 구조다. 즉, 우리말 '젓다'를 영어로 써 놓은 것이다.

'젓다'는 액체나 가루 따위가 잘 섞이도록 이리저리 돌리는 것을 의미한다.

- gesture-몸짓, 제스처-gest(운반하다)+ure(명접)
- congest-정제시키다, 축적하다-con[함께(com)]+gest(운반하다)
- digest-소화되다, 완전히 이해하다-di(떨어져)+gest(운반하다)

12) grade=걸어가다, 단계

'grade'는 '그르아다'→'글아다'→'글다'→'걸다'로 변화했다.

'글다'는 '걸다'의 강원, 황해 방언이다.

- grad-등급, 성적, 학년, 지위-grad(e)(단계)
- degrade-비하하다, 강등시키다, 품질이 저하하다-de(아래로)+grad(e)(단계)
- gradual-점진적인, 경사가 완만한-grad(u)(단계)+al(형접)

13) ide=보다, 생각

우리말로는 '이다'이다. '이다'는 한자로는 '理(다스릴 리)'이다.

여기에는 '옥을 갈다'라는 뜻도 있는데, 마을에 골목길이 보이듯, 옥을 갈아 옥에 결(무늬)이 보이도록 간다는 것이다. 이외에도 '이치', '도리', '깨닫다' 등의 의미가 있다.

- idea-생각, 발상, 개념-ide(a)(보다)
- ideal-이상, 이상적인, 완벽한-ide(생각)+al(형접)
- ideology-사상, 이념, 이데올로기-ide(o)+logy(학문)

14) insula=섬

"in(우리말로는 '안')"+'sula(수라: 댐에서 뗏목이 빠지는 길이라는 북한어)'의 구조다.

아마도 '수로'에서 변형된 말인 듯싶다.

- peninsula-반도-pen(거의)+insula(섬)
- insulate-격리하다-insula(섬)+ate(동접)
- isolate-소외시키다, 고립시키다-isol(섬)+ate(동접)

15) junct=연결하다

"jun('준'→'잠')"+"ct('크다'→'하다')"의 구조다.

우리말로는 '즈우느그다'→'준그다'→'잠그다'로 변화했다.

'잠그다'는 '여닫는 물건을 열지 못하도록 채우거나 빗장을 걸다'라는 의미이다.

- juncture-연결점, 접합점, 시점-junct(연결하다)+ure(명접)
- conjunction-결합, 연관, 접속사-con(함께)+junct(연결하다)+ion(명접)
- join-연결하다, 가입하다, 합류하다-join(연결하다)

16) labor=일

'臘[섣달 랍(납)]'+'月(달 월)'의 구조다.

섣달은 음력 12월로 한해의 끝이다. 섣달에는 '납향(臘享)'이라고 해서 신에게 고하는 제사가 있다. 그때 제사를 대규모로 지낸 것 같다. 제사 때가 돌아오면 심하게 일을 하였기 때문에 '랍(臘)'+'월(月)'이다. 즉, 'labor'는 일하는 날이라는 뜻이다.

- labor-노동, 근로, 노력-labor(일)
- laboratory-실험실, 연구실-labor(at)(일)+ory(장소)
- elaborate-정성을 들인-e(밖으로)+labor(일)+ate(동접)

17) lav=씻다

'臘享(납향)'을 드릴 때는 몸을 깨끗이 씻어야 했다. 경상도 지방에서는 지금도 목욕을 한다. 16번, 17번의 어근은 영국이 우리 민족의 지배를 받았다는 확실한 증거다.

- lave-씻다, 물에 담그다-lav(e)(씻다)
- lavatory-변기, 화장실, 세면대-lav(at)+ory(장소)
- laundry-세탁물, 빨랫감-laundr(씻다)+y(명접)

18) lingu=혀, 언어

'li(脷: 혀 리)'+'ngu(느그우=누구)'의 구조다.

'혀로 누구' 하는 것이 'langue'다.

- langue-언어, 말-langu(혀)+age(명접)
- linguist-여러 개의 언어에 능통한 사람-lingu(언어)+ist(~하는 사람)
- bilingual-두 개의 언어를 구사하는-bi(둘의)+lingu(언어)+al(형접)

19) lud=놀다, 연주하다

한자로 '遊(놀 유)'이다.

- ludicrous-우스꽝스러운, 터무니없는-lud(i)(놀다)+cr(도구)+ous(형접)
- allude-넌지시 말하다, 암시하다-al(~어느 쪽으로)+lud(e)(놀다)
- prelude-전주곡, 서곡-pre(미리)+lud(e)(연주하다)

20) mand=명령하다

'ma(마: 재갈의 경남, 전남 방언)'+'nd(느드)'의 구조다.

'nd(느드)'→"느다('넣다'의 충북 방언)"로 변화했다.

'느다'는 재갈을 입에 물리는 것을 의미한다. 즉, '재갈을 입에 물려서 말을 마음대로 부리는 것'이다.

- mandatory-명령하다, 의무적인-mand(at)(명령하다)+ory(형접)
- command-명령하다, 지시하다-com(완전히)+mand(명령하다)
- demand-요구, 수요-de(떨어져서)+mand(명령하다)

21) memor=마음에 새기는

'mem(멤: 몸의 경남 방언)'+'or(오르: 두더지의 제주 방언)'의 구조다.

즉, 몸에 두더지 자국을 만드는 것이 'memory'이다.

필자는 여기서 방언의 중요성을 다시 한번 느꼈다. 방언을 적극적으로 연구하고, 보전 및 발전시켜 나아가야 하겠다.

- memory-기억, 추억-memor(마음에 새기는)+y(명접)
- commemorate-기념하다-com(함께)+memor(마음에 새기는)+ate(동접)
- remember-기억하다, 상기하다-re(다시)+memb(er)(마음에 새기는)

22) mir=놀라다

우리말로는 '미르'이다.

'미르'는 '용(龍)'의 옛말이다.

- miracle-기적, 경이로운-mir(놀라다)+acle(명접)
- admire-존경하다, 경탄하다-ad(~어디에)+mir(e)(놀라다)
- marvel-경이로워하다, 놀라워하다, 감탄하다-mar(vel)(놀라다)

23) mort=죽음

한자로 '몰(歿: 죽을 몰)'이다.

- mortal-죽음을 면할 수 없는, 치명적인, 인간의-mort(죽음)+al(형접)
- mortgage-저당, 융자-mort(죽음)+gage(서약)
- mortify-굴욕감을 주다, 당황하게 만들다, 고행하다-mort(죽음)+ify(동접)

24) mot=움직이다

우리말로는 '뮈다'이다. '뮈다'는 '움직이다'의 고어이다.

- motive-동기, 이유, 목적, 움직이게 하는-mot(움직이다)+ive(형접)
- emotion-감정-e(밖으로)+mot(움직이다)+ion(명접)
- promote-촉진하다, 홍보하다, 승진시키다-pro(앞으로)+mot(e)(움직이다)

25) nat=태어난

우리말로 '나(生)(na)'+'다(t)'의 구조다. 뒤에 붙은 't', 'd'는 우리말로는 '다'이다.

- nation-국가, 국민, 민족-nat(태어난)+ion(명접)
- native-태어난 곳의, 타고난-nat(태어난)+ive(형접)
- nature-자연, 본성-nat(태어난)+ure(명접)

26) nav=배

한자로 '軜(고삐 납)'이다.

- navigate-항해하다, 길을 찾다-nav(배)+ig(운반하다)+ate(동접)
- navy-해군-nav(y)(배)
- naval-해군의, 해상의-nav(배)+al(형접)

27) nutr=영양분을 주다, 돌보다

'nu(누)'+'tr(트르)'의 구조다.

우리말로는 '(오줌) 눠라'다.

옛날에는 오줌이 좋은 비료였고, 우리 부모님들도 함부로 다른 곳에 오줌을 못 누게 하였다. 어린아이들이 오줌을 누게 하는 것은 돌보고 보살피는 일이다.

- nutrient-영양분, 영양소-nutr(i)(영양을 주다)+ent(명접)
- nurse-간호사, 돌보다, 치료하다-nur(se)(돌보다)
- nurture-키우다, 기르다, 양성하다-nur(t)(돌보다)+ure(명접)

28) ori=일어나다, 떠오르다

'ori'를 우리말로 하면 '오리'다.

'오리'는 '오르다'의 강원, 경상 방언이다.

- origin-기원, 태생, 시작-ori(gin)(일어나다, 떠오르다)
- orient-동양-ori(떠오르다)+ent(명접)
- abort-유산시키다, 중단시키다-ab(잘못된)+ort(떠오르다)

29) polic=도시

'polic'은 '프오르이그'→'포릭'→'부락'으로 변화했다.

- police-경찰-polic(e)(도시)

- policy-정책, 방침, 보험증권-polic(도시)+y(명접)
- politics-정치, 정치학-polit(도시)+ics(학문)

30) terr=대지

우리말로는 '터'이다.

- terrace-테라스, 작은 발코니-terr(ace)(대지)
- terrain-지형, 지역-terr(대지)+ain(명접)
- territory-영토, 영역-terr(i)(대지)+tory(장소)

31) text=천을 짜다

'text'는 '트에익스다'→'떼익스다'→'떼엮다'로 변화했다.

즉, '떼엮다'이다. 여기서 '떼'라 함은 나무나 대나무 따위의 토막을 엮어서 물에 띄워서 타고 다니는 것을 의미하는데, 곧 '뗏목'이다.

- text-본문, 글, 원문-text(천을 짜다)
- texture-감촉, 질감-text(천을 짜다)+ure(명접)
- textile-직물, 옷감, 섬유 산업-text(천을 짜다)+ile(명접)

32) ton=소리

'ton'은 '똔'→'딴(의성어)'→'장구 소리'로 변화했다.

- tone-어조(말투), 색, 분위기-ton(e)(소리)
- intonation-억양-in(안에서)+ton(소리)+ation(명접)
- monotonous-단조로운-mono(하나의)+ton(소리)+ous(형접)

33) tom=자르다

우리말로는 '도마'이다.

- atom-원자-a(not)+tom(자르다)
- anatomy-해부, 해부학-ana(위로)+tom(y)(자르다)

34) vict=이기다

우리말로는 '베다'의 방언인 '비다'이다.

'베다'는 '날이 있는 연장 따위로 무엇을 끊거나 자르거나 가르는 것'을 의미한다.

- victory-승리-vict(이기다)+ory(명접)
- convict-유죄를 선고하다, 입증하다-con(완전히)+vict(이기다)
- evict-쫓아내다, 축출하다-e(밖으로)+vict(이기다)

35) voc=부르다, 목소리

우리말로는 '목'이다.

- voice-목소리-voic(e)(부르다)
- vocabulary-어휘-voc(a)부르다+bul(명접)+ary(명접)
- vocation-천직, 소명, 사명-voc(부르다)+action(명접)

36) vol=의지

우리말로 읽어 보면 '브오르'이다.

우리말로는 '보로(속셈의 전남 방언)'이다.

- voluntary-자발적인, 지원한-vol(unt)(의지)+ary(형접)
- benevolent-자애로운, 자선적인-bene(좋은)+vol(의지)+ent(형접)
- will-의지, 의도-will(의지)

37) vert=돌리다

'vert'는 '브에르다'→'버르다'로 변화했다.

'버르다'는 '번지다'의 전남 방언이다.

- advertise-광고하다, 알리다-ad(~쪽으로)+vert(돌리다)+ise(동접)
- avert-방지하다, 피하다-a(떨어져)+vert(돌리다)
- convert-전환시키다, 개조하다-con(완전히)+vert(돌리다)

38) tribut=할당하다, 내다

우리말로는 '드리붓다'이다.

우리말로 읽어 보면 '트르이브우다'→'드리부다'→'드리붓다'로 변화했다.

- attribute-~의 탓으로 하다, ~돌리다-at(~쪽으로)+tribut(e)(할당하다)
- contribute-기부하다, 공헌하다-con(함께)+tribut(e)(내다)
- distribute-분배하다, 배포하다-dis(떨어져)+tribut(e)(할당하다)

39) tort=비틀다

우리말로는 '틀다'이다.

우리말로 읽어 보면 '트오르다'→'톨다'→'틀다'로 변화했다.

- torture-고문, 고통-tort(비틀다)+ure(명접)
- distort-비틀다, 왜곡하다-dis(떨어져)+tort(비틀다)
- extort-갈취하다-ex(밖으로)+tort(비틀다)

40) rupt=깨다

우리말로는 '엎다'이다.

우리말로 읽어 보면 '르우프다'→'루프다'→'엎다'로 변화했다.

- bankrupt-파산하다-bank(책상, 자리)+rupt(깨다)
- corrupt-부패한, 부정직한-cor(완전히)+rupt(깨다)
- disrupt-방해하다, 중단시키다, 붕괴시키다-dis(완전히)+rupt(깨다)

41) mount=오르다, 돌출하다

우리말로는 '모으다'이다.

이 말의 어원은 우리말로 '모운다'→'모우다'→'모으다'로 변화한 데서 찾을 수 있다.

많이 모이면 점점 커져 올라가는 것을 의미한다.

- mount-올라가다, 시작하다, 설치하다, 쌓이다-mount(오르다)
- amount-양, 금액, ~에 달하다-a(~에)+mount(오르다)
- paramount-가장 중요한, 최고의-par(근처)+a(~에)+mount(오르다)

42) mod=척도

이 말의 어원은 '마(碼: 마노 마)'이다.

'마'는 '석영의 일종', '저울추', '영국 척도의 단위', '굵기의 단위'이다.

- moderate-온건한, 적당한, 중간 정도의-mod(er)(척도)+ate(형접)
- modern-현대의, 오늘날의-mod(ern)(척도)
- modest-겸손한, 적당한-mod(e)(척도)+st(형접)

43) migr=이동하다

'mi(미=노: 물을 헤쳐 배를 나아가게 하는 기구)'의 방언+"gr('그르': '끄르다'의 옛말)"의 구조다.

노를 저어서 앞으로 나아가는 것을 의미한다.

- migrate-이동하다, 이주하다-migr(이동하다)+ate(동접)
- immigrate-이민을 오다-im[안으로(in)]+migr(이동하다)+ate(동접)
- emigrate-이민 가다-e[밖으로(ex)]+migr(이동하다)+ate(동접)

44) meter=재다

'me(메: 일정한 토지를 주고 빌려 쓰는 논밭이나 집터)'+'ter(터: 地)'의 구조다.

'토지(메)를 주는 밭의 크기를 나타낸 것'이다.

- diameter-직경, 지름-dia(가로질러)+mrter(재다)
- thermometer-온도계, 체온계-thermo(열)+meter(재다)
- geometric-기하학적인-geo(땅)+meter(재다)+ic(형접)

45) ment=마음, 생각하다

'me(메: 제삿밥)'+'nt[느다: 넣다(놓다)]'의 구조다.

'제삿밥을 올려놓으면서 조상을 생각하는 것'이다.

- mental-정신의, 마음의-ment(마음)+al(형접)
- mention-말하다, 언급하다-ment(마음)+ion(명접)
- comment-언급, 논평, 해석-com(함께)+ment(마음)

46) merc=거래하다

우리말로는 '무역(貿易)'이다.

우리말로 읽어 보면 '므에르그'→'므에 륵'→'므에 윽'→'메윽'으로 변화했다.

- merchant-상인, 무역상-merc(h)(거래하다)+ant(~하는 사람)
- merchandise-판매하다, 홍보하다-merc(h)(거래하다)+and[~하는 사람(ant)]+ise(동접)
- commerce-상업, 무역-com(함께)+merc(e)(거래하다)

47) medic=병을 고치다

'me(메: 먹이)'+"dic('딕'→'딥'→'입'→'먹다')"의 구조다.

먹이를 먹는 것은 병을 고치는 일이다.

- medical-의료의, 의학의-medic(병을 고치다)+al(형접)
- medicine-약, 의술, 의학-medic(병을 고치다)+ine(명접)

48) medi=중간

'me(메: 배를 젓는 막대기)'+"di('디'→'이': 둘)"의 구조다.

배를 젓는 막대기가 2개라야 배가 똑바로 나아갈 수 있다.

- medium-중간의, 매체, 매개체-medi(um)(중간)
- medieval-중세의, 중세풍의-medi(중간)+ev(시대)+al(형접)

- mediate-중재하다, 조정하다-medi(중간)+ate(동접)

49) mechan=기계

'me(메: 먹이의 옛말)'+'chan[찬: 배(船: 배 선)의 함북 방언]'의 구조다.

'식량을 실어나르는 배'이다.

- mechanic-정비사-mechan(기계)+ism(명접)
- mechanism-장치, 구조, 절차, 체계-mach(in)(기계)+ery(명접)

50) mater=어머니

"ma(마: '맨'의 제주 방언)"+'ter(터: 땅)'의 구조다.

'맨'은 다른 것이 섞이지 아니한 것이다. 즉, 다른 것이 섞이지 않은 땅을 의미한다(예: 맨 꽃 천지더라구).

- matter-문제, 중요한 일, 물질-mat(t)er(어머니)
- material-물질, 재료, 자료, 내용-mater(물질)+ial(명접)
- maternity-모성, 임산부 상태-mater(n)(물질)+ity(명접)

51) mag=엄청난, 큰

우리말로는 "mag(막: '아주'의 제주 방언)"이다.

'아주'는 형용사나 부사 앞에 쓰여서 '어떤 상태나 성질, 느낌 따위가 보통을 훨씬 넘어서는 정도'를 의미한다.

- magnify-확대하다, 과장하다-mag(ni)(큰)+fy(동접)
- magnitude-규모, 중요도, 별의 광도-mag(ni)(큰)+tude(명접)
- mega-매우 큰, 대규모의-meg(a)(엄청난), (큰)

52) long=긴

"lon('로느'→'노'. 노: 실, 삼, 종이 따위를 가늘게 비비거나 꼬아 만든 끈)"+"g('그'→'끄'→'끈')"의 구조다.

- long-긴, 오랜
- along-~을 따라-a(~을 거슬러)+long(긴)
- prolong-연장하다, 늘이다-pro(앞으로)+long(긴)

53) liter=글자

'li[리(脷: 혀 리)]'+'ter(터: 활동의 토대나 일이 이루어지는 밑바탕)'의 구조다.

말이 이르는 자리를 의미한다.

- literal-문자 그대로의, 글자의-liter(글자)+al(형접)
- literate-글을 읽고 쓸 줄 아는, 박식한-liter(글자)+ate(형접)
- literature-문학-liter(글자)+at(e)(형접)+ure(명접)

54) limin=경계(boundry)

'lim(림: 林)'+"in('인'→'안')"의 구조다.

숲의 안쪽을 말한다.

- eliminate-없애다, 제거하다, 배제하다-e[밖으로(ex)]+limin(경계)+ate(동접)
- preliminary-예비의, 준비의-pre(전에)+limin(경계)+ary(형접)
- limit-제한, 한계-limit(경계)

55) lev=올리다(lift)

우리말로는 'lev[립: 立(세울 립)]'이다.

'세우다'이다.

- lever-지레, 지렛대, 레버-lev(올리다)+er(~하는 도구)
- alleviate-완화하다, 경감하다-al[~쪽으로(ad)]+lev(i)+ate(동접)
- elevate-들어 올리다, 승진시키다-e[밖으로(ex)]+lev(올리다)+ate(동접)

56) lect=모으다, 선택하다

"lec('르에그'→'렉'→'엮')"+'t(다)'의 구조다.

'엮다'이다.

- collect-모으다, 수집하다-col[함께(com)]+lect(모으다)
- recollect-기억하다, 회상하다-re(다시)+col(함께)+lect(모으다)
- elect-선출하다, 선택하다, 결정하다-e(밖으로(ex)+lect(선택하다)

57) lax=느슨하게 하다

한자로는 'lax[락: 樂(즐거울 락)]'이다.

- relax-쉬다, 긴장을 풀다-re(다시)+lax(느슨하게 하다)
- release-풀다, 내보내다, 발표하다, 석방하다-re(뒤에)+lay(느슨하게 하다)
- delay-연기하다, 늦추다-de(떨어져)+lay(느슨하게 하다)

58) journ=하루

우리말로 읽어 보면 '즈오우르느'→'조우른'→'저우른'→'저무른'으로 변화했다.

'저물다'이다.

- journey-여행, 여정, 향해, 길-journ(ey)(하루)
- journal-(정기간행) 잡지, 학술지, 일지-journ(al)(하루)

59) it=가다(go)

한자로는 'it[(이: 離(떠날 리)]'다.

- exit-출구, 퇴장-ex(밖으로)+it(가다)
- transit-이송, 통과-trans(가로질러)+it(가다)
- itinerary-여행일정표, 여정-it(iner)(가다)+ary(명접)

60) hum=땅

우리말로는 'hum(훔: 웅덩이의 함경 방언)'이다.

● humiliate-굴욕감을 주다, 창피를 주다-hum(땅)+ili('이리'→'여기로')(형접)+ate(이다)(동접)

● humility-겸손-hum(땅)+ili(여기로)(형접)+ty(명접)

● humble-겸손한, 비천한, 변변찮은-hum(b)+le(형접)

* 'ili'를 우리말로 읽어 보면 이리, 즉 '여기로'이다. 우리말이 알파벳으로 써진 것이다.

61) host=손님, 이방인

우리말로 읽어 보면 '흐오스다'→'호스다'→'오시다'로 변화했다.

'오신 분'을 의미한다.

● host-주인, 주최 측, 진행자

● hostel-호스텔, 숙박업소, 쉼터-host(손님)+el(명접)

● hostage-인질, 볼모-host(이방인)+age(명접)

62) hered=상속인

우리말로 읽어 보면 '헤리다'→'해리다'→'해(解: 풀 해)'+'리(離: 떼놓을 리)'로 변화했다.

'해리(解離)'는 모였던 것이 떨어지는 것을 의미한다.

● heredity-유전-hered(상속인)+ity(명접)

● heritage-(문화) 유산, 전통-hereit(상속인)+age(명접)

● inherit-상속하다, 물려받다-in(안에)+hereit(상속인)

63) heal=완전한

우리말로 읽어 보면 '히알'→'헤아리다'로 변화했다.

'헤아리다'는 '손을 꼽으며 숫자를 세는 것', '이상이 없나 검사하는 것'이다.

우리 조상들이 그들을 치료해 준 듯하다.

● heal-치유하다, 낫게 하다, 고치다

● health-건강, 보건, 건전-heal(완전한)+th('뜨'→'다')(명접)

● whole-전체의, 모든, 완전한-(w)hol(e)(완전한)

64) hand=손

우리말로 읽어 보면 '한다', '하는 것'이다.

● handy-편리한, 손재주가 있는-hand(손)+y(형접)

● handicap-불리한 조건, 장애, 핸디캡-hand(손)+i[안에(in)]+cap(모자)

● handcuff-수갑, 수갑 채우다-hand(손)+cuff(채우다)

* '겁(cuff)'은 '골(물건을 만들 때 일정한 모양을 잡거나, 뒤틀린 모양을 바로잡는 데 쓰는 틀)'의 평북 방언이다. 즉, 'cuff' 또한 우리말이다.

65) gar=덮다

한자로는 'gar[갈: 褐(굵은베 갈)]'이다.

갈은 짐승의 털로 짜서 만든 비단이다. 고대의 거친 모직물이다.

- garment-의복, 옷-gar(덮다)+ment(명접)
- guarantee-약속, 보증서, 담보-guar(antee)(덮다)

66) fort=힘, 힘쓰다, 강한

'for(폴: 팔의 경상, 전라, 함경 방언)'+'t(다)'의 구조다.

우리말로 '팔이다'이다. '힘 력(力)' 자도 팔의 모양을 본떠서 만들어진 것이다.

- fort-요새, 주둔지-fort(힘)
- effort-노력, 공-ef[밖으로(ex)]+fort(힘쓰다)
- comfort-안락, 편안, 위로-com(완전히)+fort(힘쓰다)

67) flict=치다(strike)

"flic('프르이그'→'플익'→'불익')"+'t(다)'의 구조다.

'불에 익다'이다.

- afflict-괴롭히다, 피해를 주다-af[~에(ad)]+flict(치다)
- conflict-갈등, 충돌-con[함께(com)]+flict(치다)
- inflict-(고통, 형벌을) 가하다, 괴롭히다-in(안으로)+flict(치다)

68) ess=존재하다

우리말로는 "ess('이스스'→'있다')"이다.

'있다'이다.

- essence-본질, 가장 중요한 것, 정수-ess(존재하다)+ence(명접)
- present-현재의, 오늘날의, 참석한-pre(앞에)+sent(존재하다)
- represent-대표하다, 상징하다, 나타내다-re(다시)+pre(앞에)+sent(존재하다)

69) cord=심장, 마음

'cor(骨: 뼈 골)'+'d(다)'의 구조다.

'뼈'이다. 뼈는 인간의 본질, 본성을 뜻한다.

- cordial-마음에서 우러나는, 화기애애한, 다정한-cord(마음)+ial(형접)
- discord-불일치, 불화, 불협화음-dis(떨어져)+cord(마음)
- core-핵심, 근원-cor(e)(심장)

70) count=생각하다, 계산하다

'coun(고우+느)'+'t(다)'의 구조다.

'고우다'이다.

'고우다'는 '괴다'의 경상 방언이며, '괴다'는 특별히 귀여워하고, 사랑하는 것, 생각하는 것을 의미한다.

- count-수를 세다, 계산하다, 포함하다, 간주하다

- discount-할인, 무시하다-dis(not)+count(계산하다)
- account-(회계) 장부, 단골, 계정, 근거, 설명-ac[~에(ad)]+count(계산하다)

71) corpor=몸(body)

'骨(뼈 골)'+'包(쌀 포)'의 구조다.

'뼈를 감싸고 있는 것'이다.

- corporate-기업의, 회사의, 공동의-corpor(몸)+ate(형접)
- incorporate-조직으로 만들다, 통합시키다-in(안으로)+corporate(한 몸)
- corpse-시체, 송장-corp(s)(몸)

72) civi=시(city), 시민(citizen)

'ci[시(市: 저자 시)]'+'vi(비: 보이다)'의 구조다.

저잣거리(시장)에서 보이는 것을 의미한다.

- civic-도시의, 시민의
- civil-시민의, 민간의, 예의 바른
- civilize-개화하다, 문명화하다

73) cern=거르다, 구별하다

우리말로는 '선(選: 가릴 선)'이다.

- concern-우려, 걱정, 관심사-con[함께(com)]+cern(거르다)
- discern-알아차리다, 식별하다-dis(떨어져)+cern(구별하다)
- discriminate-차별하다, 구별하다-dis(떨어져)+crimin(구별하다)+ate(동접)

* "ate('아티'→'이다')"는 우리말 '이다'이다.

74) car=마차, 수송

우리말로는 'car(카)'→'車(수레 차)'로 변화했다.

- carry-나르다, 운반하다-car(ry)(수송)
- carriage-탈 것, 마차, 운반, 수송-car(ri)(수송)+age(명접)
- carrier-운송 회사, 보균자, 운반 용기-car(ri)(수송)+er(~하는 사람)

75) can=관(tube)

한자로는 'can[간: 관(菅: 대롱 관)]'이다.

- cane-(속이 빈) 줄기, 지팡이-can(e)(관)
- canal-운하, 수로, 관-can(관)+al(명접)
- cannon-대포, 세차게 충돌하다, 대포를 쏘다-can(n)관+on(큰)

76) audi=듣다(hear)

'au[오: 嗚(슬플 오)]'+'di[디→이(둘)]'의 구조다.

'audi'는 '嗚'가 두 개, 즉 '嗚嗚'이다.

'嗚嗚'는 노래를 부르는 소리, 또는 슬플 때 내는 소리이다. 당시에는 노래를 부르면 여러 사람이 모여서 들었을 것이다.

- audience-관객, 청중, 시청자-audi(듣다)+ence(명접)
- audition-심사, 오디션-audi(t)(듣다)+ion(명접)
- auditory-귀의, 청각의-audi(t)(듣다)+ory(형접)

77) apt=맞추다(fit)

"ap[압: 押(누를 압-'도장을 찍다')]"+'t(다)'의 구조다.

- apt-~하는 경향이 있는, 적절한-apt(맞추다)
- adapt-적응시키다, 각색하다-ad(~에)+apt(맞추다)
- adept-능숙한, 숙련된-ad(~에)+ept(맞추다)

* 'ad'는 우리말로 '어디'이다.

78) alter=다른(other)

'al(알: 겉을 덮어 싼 것을 다 제거한 것)'+'ter(터: 땅)'의 구조다. '새로운 땅'이다.

- alter-바꾸다, 변경하다
- alternative-대안, 대체, 대안의
- otherwise-그렇지 않으면, 다른 방법으로

79) ama=사랑, 친구

우리말로는 'ama(아마)'이다.

'암컷'이다.

- amateur-아마추어, 비전문가-ama(t)(사랑)+eur(~하는 사람)
- amiable-붙임성이 있는, 정감 있는-ami(친구)+able(할 수 있는)
- amity-우호, 친선-ami(친구)+ty(명접)

80) act=행동하다

'a(애: 몹시 수고스러움)'+"ct('크다'→'하다')"의 구조다.

'애쓰다'를 의미한다.

- react-반응하다-re(다시)+act(행동하다)
- transact-거래하다, 처리하다-trans(가로질러)+act(행동하다)
- exact-정확한, 틀림없는, 엄밀한-ex(밖으로)+act(행동하다)

81) spir=숨 쉬다

우리말로 읽어 보면, '스프이르'→'슾 일'→'숨 일'→'숨 쉴'로 변화했다.

- aspire-열망하다-a[~쪽으로(ad)]+spire(숨 쉬다)
- aspirin-아스피린(해열, 진통제)-a[~쪽으로(ad)]+spir(in)(숨 쉬다)
- conspire-음모를 꾸미다, 공모하다-con[함께(com)]+spir(e)(숨 쉬다)

82) spec=보다(look)

우리말로는 'spec(ㅅ.白: 흰 백)'이다.

'깨끗하다', '밝다', '명백하다'를 의미한다.

'白'의 고어가 'ㅅ.白'이다.

- special-특별한, 특수한-spec(i)(보다)+al(형접)
- specific-구체적인, 명확한-spec(i)(보다)+fic(만들다)
- specious-그럴듯한, 진짜 같은-spec(i)(보다)+ous(형접)

83) scrib=적다, 쓰다

우리말로 읽어 보면, '스그르이브'→'수구리브'→'수구려부다'→'수구리다'로 변화했다.

무엇을 적으려면 수그려야 한다.

- describe-묘사하다, 서술하다-de(아래로)+scrib(e)(적다)
- inscribe-새기다, 기입하다-in(안으로)+scrib(e)(적다)
- prescribe-처방하다, 규정하다-pre(미리)+scrib(e)(적다)

84) press=누르다(press)

우리말로 읽어 보면 '프르이스스'→'브리쓰'→'부리쓰'→'부리(벌의 충남 방언) 쏴'→'벌이 쏴'로 변화했다.

'벌이 쏠 때 꽁무니로 누르는 것'을 말한다.

- press-압력, 인쇄, 신문, 언론
- compress-압축하다-com(함께)+press(누르다)
- depress-우울하게 만들다, 침체시키다-de(아래로)+press(누르다)

85) pos=놓다

'po(푸: 물건을 늘어놓고 파는 곳, 점포의 옛말)'+"s(스: '서다'의 충북 방언)"의 구조다.

'서 있다', 즉 '놓여 있다'를 의미한다. 점포에 놓여 있다.

- position-위치, 제자리-pos(it)(놓다)+ive(형접)
- positive-긍정적인, 확신하는-pos(it)(놓다)+ive(형접)
- posture-자세, 태도-pos(t)(놓다)+ure(명접)

86) ject=던지다

'je[지: 至(이를 지)]'+"ct('크다'→'카다'→'하다')"의 구조다.

'이르다'는 '장소나 시간에 닿다'는 의미이다.

- project-과제, 연구, 프로젝트-pro(앞에)+ject(던지다)
- reject-거절하다, 거부하다-re(뒤로)+ject(던지다)
- inject-주입하다, 주사하다-in(안에)+ject(던지다)

87) graph=그리다, 쓰다

우리말로는 'graph(그라블다)'이다.

글씨를 쓰는 것, 그리거나 쓰는 것을 의미한다.

- autograph-서명, 사인하다-auto(자신의, 스스로)+graph(쓰다)
- photograph-사진-photo(빛)+graph(그리다)
- biography-일대기, 자서전, 약력-bio(생명)+graph(쓰다)+y(명접)

88) cede=가다(go)

우리말로 읽어 보면 '스이드이'→'시드이'→'시 다'로 변화했다.

'시다(세다)'는 '머리카락이나 수염 따위가 하얘지는 것', '점차 변해가는 것'을 의미한다.

- precede-~에 앞서다, 선행하다-pre(먼저)+cede(가다)
- recede-물러나다, 약해지다-re(뒤로)+cede(가다)
- proceed-계속하다, 진행하다-pro(앞으로)+ceed(가다)

89) cap=머리

한자로는 '帢(모자 갑)'이다.

- capital-수도, 대문자, 자본-cap(it)(머리)+al(명접)
- cap-모자, 뚜껑, 한도-cap(머리)
- cape-망토, 곶-cap(e)(머리)

90) duc=이끌다(lead)

한자로는 '둑(纛: 기 독, 기 둑)'이다.

'둑'은 임금이 타고 가던 가마 또는 군대의 대장 앞에 세우던 큰 의장기이다. 즉, 기를 가지고 앞에서 가는 것이다.

- educate-교육하다-e[밖으로(ex)]+duc(이끌다)
- introduce-소개하다, 도입하다-intro(안으로)+duc(e)(이끌다)
- reduce-줄이다, 감소시키다, 낮추다-re(뒤로)+duc(e)(이끌다)

91) fac=만들다, 행하다

우리말로는 fac('팍'→'박')이다. 즉, 우리말 '박다'이다.

'박다'는 ① '틀이나 판에 넣어서 눌러 만들다', ② '붙이거나 끼워 넣다', ③ '속이나 가운데에 들여 넣다'는 의미가 있다.

타밀어 'paktol'은 우리말로는 '벽돌'이다.

- facility-편의시설, 쉬움, 기능-fac(행하다)+il(하게 되는)+ity(명접)
- facsimile-복제, 복사, 팩스-fac(만들다)+simil(e)(비슷한)
- fact-사실, 실상-fac(t)(행하다)

92) fer=운반하다, 짐을 지다

"fe[베(뻬): '떼(筏: 뗏목 벌)'의 옛말)"+"r('르'→'로')"의 구조다.

- offer-제공하다, 제안하다-of(~쪽으로)+fer(운반하다)
- transfer-옮기다, 이송하다, 환송하다-trans(가로질러)+fer(운반하다)
- refer-~여 언급하다, 인용하다, 참조하다-re(다시)+fer(운반하다)

93) log=말하다, 생각하다

'lo[로: 嚕(말할 로)]'+"g('그'→'크'→'크다'→'흐다'→'하다')"의 구조다. '말하다'이다.

- prologue-서두, 프롤로그-pro(앞에서)+log(ue)(말)
- dialogue-대화-dia(가로질러)+log(ue)(말)
- monologue-독백, 긴 이야기-mono(혼자)+log(ue)(말)

94) mit=보내다

'mi[미: 노(물을 헤쳐 배를 나아가게 하는 기구)의 경남 방언]'+'t(다)'의 구조다.

- admit-인정하다, 승인하다, (입학을) 받아들이다-ad(~에)+mit(보내다)
- commit-범하다, 저지르다, 약속한다, 헌신한다-com(함께)+mit(보내다)
- emit-내뿜다, 방출하다-e(밖으로)+mit(보내다)

95) plic=접다, 꼬다

우리말로는 "pli('프리'→'브리')"이다.

'브리'는 "'꾸리다'의 옛말"+"c('크'→'하'→'하다')"의 구조다. 즉, '꾸리다'는 뜻이다.

- complicate-복잡하게 만들다-com(함께)+plic(접다)+ate(동접)
- duplicate-복사하다, 복제하다-du(둘)+plic(접다)+ate(동접)
- replicate-복제하다, 되풀이하다-re(다시)+plic(접다)+ate(동접)

96) tain=잡다

'대(對: 대할 대)'+'in(안)'의 구조다.

'안에서 마주하다'이다.

- contain-포함하다, 함유되어 있다, 억누르다-com(함께)+tain(잡다)
- entertain-즐겁게 하다, 접대하다-enter(사이에)+tain(잡다)
- maintain-유지하다, 지키다, 주장하다-main(손으로)+tain(잡다)

97) ann=해마다

우리말로는 "ann['안 느'→'년(年: 해 년)']"이다.

- annual-매년의, 일 년간의-ann(해마다)+ual(형접)
- anniversary-(매년의) 기념일-ann(i)(해마다)+vers(돌다)+ary(명접)

98) base=기초

'ba(바)'+'se(세)'의 구조다. '바세'→'밧에'→'밭에'로 변화했다.

'밧'은 '밭'의 강원, 경기, 전라, 제주, 충청 방언이다.

- base-맨 아랫부분, 기초, 토대
- basement-지하층, 지하실-base(기초)+ment(명접)
- baseline-기준치, 기준선-base(기초)+line(선)

99) arm=무기, 무장하다

한자로 '완(腕: 팔뚝 완)'이다.

팔뚝은 힘의 상징이다.

- army-군대-arm(무기)+y(명접)
- armistice-휴전-arm(i)(무기)+stice(정지함)
- alarm-경보, 두려움, 공포-al(~쪽으로)+arm(무기)

100) astro=별

'as(아스=아스라이: 보기에 아슬아슬할 만큼 높거나 까마득할 정도로 멀게)'+"t('트'→'터': 땅)"+'ro(로: 움직임에 방향을 나타내는 격조사)'의 구조다.

'까마득히 먼 방향에 있는 땅', '별'을 의미한다.

- astronaut-우주비행사-astro(별)+naut(선원)

- astronomy-천문학-astro(별)+nomy(학문)
- astrology-점성술, 점성학-astro(별)+log(y)(학문)

101) du=둘(two)

우리말로는 "du('두'→'둘')"이다.

- dual-이중의, 두 개의-du(둘)+al(형접)
- double-두 배의, 이중의-dou(둘)+ble(접다)
- doubt-의심하다-dou(bt)(둘의)

102) bi=둘

우리말로는 "bi('비'→'이')"이다.

- bicycle-자전거-bi(둘)+cycle(원)
- binary-두 개의, 이진법의-bin(둘)+ary(형접)
- binocular-두 눈의, 쌍안경-bin(둘)+ocul(눈)+ar(형접)

103) twi=둘

우리말로는 "twi('투이'→'두')"이다.

- twice-두 번, 두 배-twi(ce)(둘)
- twin-쌍둥이 중 한 명, 쌍둥이(-s)=twi(n)(둘)
- twist-비틀다, 왜곡하다-twi(st)(둘)

104) multi=다수의

'mul[물: 무리(사람이나 짐승 따위가 모여 뭉친 한 동아리)의 옛말]' +'ti(티: 파리알의 경상 방언)'의 구조다.

파리알이 뭉쳐있는 모양을 의미한다.

- multitask-한꺼번에 여러 일을 처리하다-multi(다수의)+task(과제)
- multimedia-멀티미디어-multi(다수의)+media(매체)
- multitude-아주 많은 수, 군중-multi(다수의)+tude(명접)

105) uni=하나

"un('언'→'안'→'아니')"+'i(이: 둘)'의 구조다.

둘이 아니다. 하나다.

- uniform-유니폼, 제복-uni(하나)+form(형태)
- unicorn-유니콘-uni(하나)+corn(角)(뿔)
- unify-통일하다, 단일화하다-uni(하나)+fy(만들다)

106) mono=하나, 혼자

우리말로는 "mono[마노(瑪瑙): 석영으로 이루어진 아름다운 보석). '瑪: 차돌 마'+'瑙: 마노 노']"이다.

귀(貴)하여 하나씩 가지고 있는 보석이다.

- monorail-모노레일-mono(하나)+rail(선로)

- monolingual-단일 언어의, 하나의 언어를 구사하는-mono(하나)+lingual(언어)
- monotone-단조로운 소리-mono(하나)+tone(소리)

107) a=아주(very), 아닌(not)

우리말로는 'a(아)'이다.

'아주', '아닌'을 의미한다.

- alike-비슷한, 동등한-a(아주)+like(닮은)
- ashamed-부끄러운, 수치스러운-a(아주)+shamed(부끄러운)
- asocial-비사교적인, 반사회적인, 이기적인-a(아닌)+social(사회적인)

108) en=~하게 만들다(make)

우리말로는 'en(에다)'이다.

의견이나 요구를 강하게 주장하는 것을 의미한다.

- enable-가능하게 하다, 할 수 있게 하다-en(하게 만들다)+able(할 수 있는)
- encourage-용기를 북돋우다-en(하게 만들다)+courage(용기)
- endanger-위험에 빠뜨리다, 위태롭게 하다-en(하게 만들다)+danger(위험)

109) per=완전히

우리말로는 "per('펄'→'퍽')"이다.

'퍽'은 '보통 정도를 훨씬 넘게'를 의미한다.

- perfect-완벽한, 완전한-pre(완전히)+fec(t)(만들다)
- perform-공연하다, 수행하다, 성취하다-per(완전히)+for(m)(제공하다)
- permanent-영구적인, 영원한-per(완전히)+man(남다)+ent(형접)

110) super=위에, 넘어서

'su(수: 일을 처리하는 방법이나 수완)'+'per(펄: 일하는 솜씨가 아주 능통하여 빨리 해치우는 모양. 예: 펄 날다)'의 구조다.

- superb-초고의, 뛰어난, 멋진-super(b)(위에)
- superior-우수한, 상급의, 우세한-super(위에)+ior(더한)
- superficial-표면상의, 피상적인, 얄팍한-super(위에)+fic(i)(皮)(표면)

111) bene=좋은

'be(베: '볕'의 경남 방언)'+'ne(네: 구나)'의 구조다.
'햇볕이 비추는'을 의미한다.

- benefit-혜택, 이득-bene(좋은)+fif(만들다)
- beneficial-유익한, 이로운-bene(좋은)+fic(i)(만들다)+al(형접)
- benefactor-후원자-bene(좋은)+fact(만들다)+or(~하는 사람)

112) syn=함께, 같은

'sy[시: 이(貳)의 옛말]'+"n(느: '너희'의 강원, 경기, 충청 방언)"의 구조다.

'너희와 둘이'를 의미한다.

- synthesis-종합, 통합, 합성-syn(함께)+thes(두다)+is(명접)
- synonym-동의어, 유의어-syn(같은)+onym(이름)
- synchronize-동시에 발생하다, 맞추다, 일치하다-syn(함께)+chron(발생하다)+ize(동접)

113) se=떨어져

우리말로는 'se(세: 사이)'이다.

- separate-분리하다, 구분하다, 헤어지다-se(떨어져)+par(준비하다)+ate(동접)
- secure-안전한, 확실한-se(떨어져)+cure(돌보다)
- select-선택하다, 고르다-se(떨어져)+lect(고르다)

114) ab=떨어져, ~에서

우리말로는 "ab('압'→'앞')"이다.

'앞'은 ① '향하고 있는 쪽이나 곳', ② '차례나 열에서 앞서는 곳', ③ '이미 지나간 시간'을 의미한다.

여기서는 '③ 이미 지나간 시간'의 의미이다.

- abnormal-비정상적인-ab(떨어져)+normal(정상적인)
- absolute-절대적인, 확실한-ab(떨어져)+sol(ute)(느슨하게 풀다)
- absorb-흡수하다-ab(떨어져)+sorb(빨다, 마시다)

115) auto=스스로

'au[오: 오(吾: 나 오)]'+'to[토: 토(吐: 토할 토)]'의 구조다.

'내가 토하는 것'이다. 토하는 것은 자동이다.

- automobile-자동차, 차량-auto(스스로)+mob(움직이다)+ile(형접)
- automatic-자동의-auto(스스로)+mat(행동하다)+ic(형접)
- autonomy-자치권, 자율-auto(스스로)+nom(법)+y(명접)

116) tele=멀리 있는

"te['테'→'터(땅)']"+"le['레'→'리(里: 마을 리)': 거리를 재는 단위]"의 구조다.

멀리 떨어져 있는 땅을 의미한다.

- telepathy-텔레파시, 정신감응-tele(멀리 있는)+pathy(느낌, 감정)
- telescope-망원경-tele(멀리 있는)+scope(보다)
- television-텔레비전-tele(멀리 있는)+vis(보다)+ion(명접)

117) micro=작은

'mi[미: 미(微: 작을 미)]'+'cro(그로: 그러하다)'의 구조다.

'작다'이다.

- microscope-현미경-micro(작은)+scope(보다)
- microorganism-미생물-micro(작은)+organism(유기체)
- microwave-마이크로파, 극초단파, 전자레인지-micro(작은)+wave(파장)

118) geo=지구, 땅

'ge[지: 지(地: 땅 지)]'+'o(오: 이 오)'의 구조다.

'땅이오'의 의미이다.

- geometry-기하학-geo(땅)+metr(재다)+y(명접)
- geothermal-지열의-geo(땅)+therm(열)+al(형접)

119) dia=가로질러

우리말로는 "dia['다이아'→'다이어(모두 잇다)']"이다.

- dialect-방언, 사투리-dia(가로질러)+lect(말)
- diarrhea-설사-dia(가로질러)+(r)rhea(흐름)
- diagonal-사선의, 대각선의-dia(가로질러)+gon[股(고: 모서리의 직각을 이루는 부분)]+al(형접)

120) bio=생명

우리말로는 'bio(비요: 하늘에서 내리는 물방울)'이다.

- biology-생물학-bio(생명)+log(y)(학문)
- biodiversity-생물 다양성-bio(생명)+diversity(다양성)
- bioethics-생명, 윤리학-bio(생명)+ethics(윤리학)

121) mal=나쁜

우리말로는 "mal['마~ㄹ'→'마(魔: 마귀 마)']"이다.

- malice-악의, 원한-mal(나쁜)+ice(명접)
- malfunction-오작동, 고장-mal(나쁜)+function(기능)
- malady-질병, 심각한 문제-mal(나쁜)+ad(가지다)+y(명접)

122) non=없는

우리말로는 "non('논'→'놓은')"이다.

'놓았다'이다.

- nonfiction-논픽션, 실화-non(없는)+fiction(허구, 소설)
- nonprofit-비영리적인, 비영리 단체-non(없는)+profit(이익)
- nonsense-터무니없는 생각-non(없는)+sense(감각, 정신)

123) mis=잘못된

우리말로는 "mis('미스'→'미츠'→'미치다')"이다.

'미치다'는 '상식에서 벗어나는 행동을 하다'라는 의미이다.

- mistake-실수, 잘못-mis(잘못된)+take(받다)
- mischief-(아이들이 하는) 나쁜 짓, 장난, 해악-mis(잘못된)+chief(결과)
- misconception-오해, 오인, 잘못된 생각-mis(잘못된)+conception(생각)

124) extra=밖에

'ex[외(外)]'+"tra('트 라'→'터라')"의 구조다.

'바깥 터라'이다.

- extracurricular-정규 교과 이외의, 과외의-extra(밖에)+curricular(교과 과정의)
- extraterrestrial-외계의, 지구 밖의-extra(밖에)+terrestrial(지구의)
- extraordinary-특별한, 특이한, 뛰어난, 비범한-extra(밖에)+ordinary(보통의)

125) by=① 부차적인, ② 옆에

우리말로는 "by['비'→'부(副: 버금 부)']"이다.

- by-product-부산물, 부작용-by(부차적인)+product(생산물)
- by-election-보궐선거-by(부차적인)+election(선거)
- bygone-과거의, 지나간-by(옆에)+gone(지나가다)

126) under=아래에

'un(아니다)'+'der(더: 계속하여 또는 그 위에 보태어)'의 구조다.

'더'가 아닌 것이다.

- undergo-겪다, 받다-under(아래에)+go(가다)
- underline-밑줄을 긋다, 강조하다-under(아래에)+line(선을 긋다)
- underlie-기저를 이루다, 밑에 있다-under(아래에)+lie(눕다)

127) up=위로

우리말로는 up(엎→업다)이다.

'업다'는 '등에 붙어있게 하다', '등 위로 올리는 것' 등을 의미한다.

- uphold-지지하다, 유지하다-up(위로)+hold(받치다)
- uproot-뿌리 뽑다, 근절하다-up(위로)+root(뿌리)
- upset-속상하게 만들다, 뒤엎다-up(위로)+set(놓다)

128) fore=미리, 앞에

우리말로는 "fore('포 리'→'보리')"이다.

'보리'는 '보늬'의 경남 방언이다. '보늬'는 밤이나 도토리 따위의 속껍질이다.

밤을 먹으려면 앞에 있는 보늬를 벗겨야 한다.

- forefather-조상, 선조-fore(미리)+father(아버지)

- foresee-예견하다, ~것이라 생각하다-fore(미리)+see(보다)
- foretell-예언하다-fore(미리)+tell(말하다)

129) in=아닌

우리말로는 "in('인'→'안'→'아니다')"이다.

- incorrect-틀린, 정확하지 않은-in(아닌)+correct(정확한)
- indefinite-막연한, 애매한, 무기한의-in(아닌)+definite(명확한)
- indirect-간접적인-in(아닌)+direct(직접적인)

130) un=아닌, 반대의

우리말로는 "un('언'→'안'→'아니다')"이다.

- unfair-불공평한, 불공정한-un(아닌)+fair(공정한)
- unequal-동등하지 않은, 불평등한, 부적당한-un(아닌)+equal(동등한)
- uncertain-불확실한, 분명하지 않은-un(아닌)+cert(확실한)+ain(형접)

131) dis=아닌, 떨어져, de=아래로, 떨어져, 아닌

우리말로는 'dis(뒤)', 'de(뒤)'이다.

- demolish-철거하다, 무너뜨리다-de(아래로)+mol(짓다)+ish(동접)
- depreciate-(가치가) 떨어지다-de(아래로)+prec(i)(가격)+ate(동접)

- disability-무력, 무능, 신체장애-dis(아닌)+ability(능력)
- disadvantage-불리한 점, 결점-dis(아닌)+advantage(이점)

132) sub=아래에, 부차적인, 가까운

우리말로는 'sub(섭: 고삐의 제주 방언)'이다. 고삐는 말이나 소를 부리려고 재갈이나 코뚜레, 굴레에 잡아매는 줄이다.

고삐는 밑으로 처져 있어서 '아래에'라는 뜻과 손 근처에 있어서 '가까운'이라는 뜻이 있다.

- submarine-잠수함, 해저의-sub(아래에)+marine(바다의)
- subtotal-소계-sub(아래에)+total(합계)
- subtract-빼다, 공제하다-sub(아래에)+tract(끌다)

133) ad=~에, ~으로, ~을 향하여

우리말로는 'ad(어디)'이다.

'어디로'를 의미한다.

- adhere-고수하다, 들러붙다-ad(~에)+here(붙다)
- adjacent-인접한, 이웃의, 부근의-ad(~에)+jac(눕다)+ent(형접)
- adolescent-청소년-ad(~으로)+olesc(자라다)+ent(명접)

134) trans=가로질러

우리말로는 "trans('트르아느스'→'드르아느스'→'드라누스'→'돌아누었스')"이다.

'돌아누웠다'이다.

- transform-변형시키다, 변화시키다-trans(가로질러)+form(형태)
- translate-번역하다, 옮기다-trans(가로질러)+late(이동하다)
- transplant-이식하다, 옮겨심다-trans(가로질러)+plant(심다)

135) inter=사이에, 서로

'in(안)'+'ter(터: 땅)'의 구조다.

'땅 안'이다.

- international-국제적인, 국제의-inter(사이에)+nation(나라)+al(형접)
- intercultural-문화 간의, 다른 문화의-inter(사이에)+cultur(문화)+al(형접)
- interpersonal-대인 관계의-inter(사이에)+person(사람)+al(형접)

136) com=함께

우리말로는 '함(咸: 다 함)', 즉 '모두'이다.

'뭐라 카다'와 '뭐라 하다'는 같이 쓰일 수 있다. '크'→'흐'의 구조다('크옴'→'흐옴'→'하옴'→'함').

- combine-결합하다, 조합하다-com(함께)+bin(e)(둘)

- compact-(단단하게) 다지다-com(함께)+pact(묶다)
- compile-편집하다, 수집하다, 통합하다-com(함께)+pile(쌓다)

137) over=넘어, 위에, 과도하게

우리말로 '업어'→'업다'로 변화했다.

- overcome-극복하다, 이기다-over(넘어)+come(오다)
- overtake-따라잡다, 추월하다-over(넘어)+take(잡다)
- overdue-기한이 지난, 늦은-over(넘어)+due(예정된)

138) out=밖으로, 뛰어난

"ou['오우'→'외(外: 바깥 외)']"+'t(다)'의 구조다.

- outburst-폭발, 급격한 증가-out(밖으로)+burst(터지다)
- outcome-결과-out(밖으로)+come(오다)
- outlet-배출(발산)수단, 배출구, 할인점-out(밖으로)+let(~하게 하다)

139) ex=밖으로

우리말로는 "ex('익스'→'외스'→'外')"이다.

- exercise-운동, 연습-ex(밖으로)+ercis(e)(가두다)
- examine-조사하다, 검토하다, 살펴보다-ex(밖으로)+amine(움직이다)
- excuse-변명, 이유, 구실-ec(밖으로)+cuse(원인)

140) re=뒤로, 다시

우리말로는 "re('리'→'뒤')"이다.

- remain-계속~이다. 남다, 머무르다-re(뒤로)+main(남다)
- recline-비스듬하게 기대다, (등받이를) 뒤로 넘기다-re(뒤로)+cline(구부리다)

141) pre=미리, 전에

우리말로는 "pre('프리'→'브리'→'부리')", 즉 '부리'이다.

조금 튀어나온 것, 조금 앞, 그래서 '미리', '전에'라는 뜻이다.

- previous-이전의, 앞선-pre(미리)+vi(길)+ous(형접)
- premature-시기상조의, 때 이른, 성숙한-pre(미리)+mature(성숙한)
- prehistoric-선사시대의-pre(미리)+historic(역사의)

142) pro=앞에

우리말로는 "pro['프로'→'(아)프로'→'앞']"이다.

'앞'이다.

- pronoun-대명사-pro(앞에)+noun(명사)
- prophet-예언자-pro(앞에)+phet(말하다)
- progress-전진, 진행, 진보, 향상-pro(앞에)+gress(가다)

143) war=주의하다, 지켜보다

우리말로는 'war[월(戉: 도끼 월)]'이다.

- warn-경고하다, 주의하다-war(n)(주의하다)
- aware-알고 있는, 의식하고 있는-(a)war(e)(주의하다)
- award-상, 수여하다, 판정하다-be(있다)+war(e)(주의하다)

144) vot=서약하다

'vo[보(保: 지킬 보)]'+'t(다)'의 구조다.

'保'는 ① '지키다', ② '유지하다', ③ '보증하다', ④ '돕다'의 뜻이다.

- vote-투표, 표결-vot(e)(서약하다)
- devote-바치다, 헌신하다-de(떨어져)+vot(e)(서약하다)
- vow-맹세, 서약-vow(서약하다)

145) volv=말다

우리말로는 "volv(볼브다: '밟다'의 경남, 전남 방언)"이다.

- involve-포함시키다, 연루시키다-in(안으로)+volv(e)(말다)
- evolve-진화하다, (서서히) 발전시키다-e(밖으로)+volv(e)(말다)
- revolve-돌다, 회전하다-re(다시)+volv(e)(말다)

146) viv=살다

우리말로는 '밥'이다.

인간은 '밥'을 먹어야 삶을 유지할 수 있다.

- revive-활기를 되찾다, 회복시키다, 부활시키다-re(다시)+viv(e)(살다)
- survive-살아남다, 생존하다-sur(초월하여)+viv(e)(살다)
- vivid-생생한, 선명한-viv(살다)+id(형접)

147) vest=옷

've[비(緋: 비단 비)]'+"st[스다: '쓰다(用)'의 고어]"의 구조다.

'비단을 사용한 것'이다.

- vest-조끼, 러닝셔츠-vest(옷)
- divest-벗다, 처분하다-de[떨어져(de)]+vest(옷)
- invest-투자하다-in(안으로)+vest(옷)

148) vent=오다

"ve('뵌'→'뽄'→'쐬다'→'쏘이다')"+"nt('느다'→'넣다')"의 구조다.

'쏘이다'이다.

'뵈다(뽄다)'는 '쐬다(쏘이다)'의 옛말이다.

- adventure-모험, 뜻하지 않은 일-ad(~쪽으로)+vent(오다)+ure(명접)
- venture-벤쳐, 위험을 무릅쓰고 가다-vent(오다)+ure(명접)
- event-사건, 행사, 경우-e(밖으로)+vent(오다)

149) val=가치 있는, 힘 있는

우리말로는 'val(발: 바늘의 경상, 평북 방언)'이다.

옛날에는 '바늘'의 가치가 생활필수품으로써 절대적이었을 것이다.

- value-가치, 소중하게 여기다-val(ue)(가치 있는)
- valid-유효한, 타당한-val(가치 있는)+id(형접)
- valor-용기, 용맹-val(힘 있는)+or(~하는 것)

150) vad=가다

우리말로는 'vad(배다: 스며들거나 나오다, 냄새가 스며들어 오래 남아 있다)'이다.

"옷에 땀이 배다.", "담배 냄새가 옷에 배었다." 등으로 쓰인다.

- invade-침입하다, 난입하다-in(안에)+vad(e)(가다)
- evade-피하다, 모면하다-e(밖으로)+vad(e)(가다)
- pervade-만연하다-per(관통하여)+vad(e)(가다)

151) vac=비어있는

우리말로는 '박'이다.

'박'은 속을 비워 바가지를 만드는 열매이다.

- vacate-비우다, 떠나다-vac(비어있는)+ate(동접)
- vacuum-진공, 진공 청소하다-vac(uum)(비어있는)

● evacuate-대피하다, 떠나다-e(밖으로)+vac(u)(비어있는)+ate(동접)

152) us=사용하다

우리말로는 "us['우스'→'수(需: 쓰일 수)']"이다.

● use-쓰다, 사용하다-us(e)(사용하다)

● abuse-남용, 오용, 학대-ab(떨어져)+us(e)(사용하다)

● misuse-남용, 악용, 혹사-mis(잘못된)+us(e)(사용하다)

153) turb=어지럽히다, 돌다

우리말로는 "turb('트우르브'→'투르브'→'트러브'→'틀어브'→'틀어브다')"이다.

'틀다'는 '방향이 꼬이게 돌리다'라는 의미이다.

● turbulence-격동, 난기류-turb(ul)(어지럽히다)+ence(명접)

● turbine-(기계의) 터빈-turb(돌다)+ine(명접)

● disturb-방해하다, 불안하게 만들다-dis(완전히)+turb(어지럽히다)

154) tum=부풀어 오르다

우리말로는 "tum(덤: '더미'의 방언)"이다.

'더미'는 '많은 물건이 한데 모여 쌓인 큰 덩어리'를 의미한다.

- tumor-종양-tum(부풀어 오르다)+or(~하는 것)
- tumult-(마음의) 소란, 심란한, 혼란스러움-tum(ult)(부풀어 오르다)
- tomb-무덤, 묘-tom(b)(부풀어 오르다)

155) test=증인, 증언하다

'tes(떼쓰)'+'t(다)'의 구조다.

'떼쓰다'는 '부당한 일을 해달라고 억지로 요구하거나 고집한다'는 의미이다.

- testify-증언하다, 증명하다-test(증인)+ify(동접)
- contest-대회, 경쟁-con[함께(com)]+test(증언하다)
- detest-몹시 싫어하다, 혐오하다-de(아래로)+test(증언하다)

156) term=경계

우리말로는 'term(더미: 낭떠러지의 경남 산청 지방 사투리)'이다.

- term-용어, 학기, 기간, 조건(-s)-term(경계)
- terminate-끝나다, 종료하다-term(in)(경계)+ate(동접)
- determine-결정하다, 알아내다, 밝히다-de(떨어져)+term(ine)(경계)

157) tend=뻗다

우리말로는 "tend('트에느다'→'테 느다'→'테 낸다')"이다.

'테'는 '티'의 방언이며, '티' 어떤 태도나 기색을 나타내는 말이다.

- tend-~하는 경향이 있다-tend(뻗다)
- tender-다정한, 부드러운, 연약한-tend(er)(뻗다)
- attend-참석하다, 돌보다-at[~쪽으로(ad)]+tend(뻗다)

158) tect=덮다

'te(떼: 흙이 붙어있는 상태로 뿌리째로 떠낸 잔디)'+"ct('크다'→'하다')"의 구조다.

즉, '떼 입히다'이다.

- detect-발견하다, 감지하다-de(not)+tect(덮다)
- protect-보호하다-pro(앞에서)+tect(덮다)

159) techn=기술

우리말로는 "techn('테크흐느'→'테 큰'→'떼 큰')", 즉 '떼'가 큰 것이다.

'떼'는 나무나 대나무 따위의 일정한 토막을 엮어 물에 띄워서 타고 다니는 것이다.

'떼를 크게 만들 수 있는 것'이 '기술'이다.

- technique-기법, 기술, 솜씨-techn(기술)+ique(명접)
- technically-엄밀히 말하면, 기술적으로-techn(기술)+ical(형접)+ly(부접)
- technology-(과학) 기술, 공학-techn(o)+log(y)(생각)

160) tact=접촉하다

'te[대(對: 대할 대)]'+"ct('크다'→'흐다'→'하다')"의 구조다.

'對'는 '마주하다', '대답하다', '대조하다'라는 의미이다.

- tact-요령, 눈치, 재치-tact(접촉하다)
- intact-손상되지 않은, 온전한-in(not)+tact(접촉하다)
- contact-연락, 접촉-con[함께(com)]+tact(접촉하다)

161) sult=뛰어오르다

우리말로는 "sult(설다: '서다'의 평북, 함경 방언)"이다.

- insult-모욕하다-in(안으로)+sult(뛰어오르다)
- exult-기뻐 날뛰다, 의기양양하다-ex(밖으로)+(s)ult(뛰어오르다)
- assault-폭행, 강습, 공격-as[~쪽으로(ad)]+sault(뛰어오르다)

162) struct=세우다(build)

"str['스틀'→'새틀('사다리'의 경남 방언)']"+"u('우'→'위')"+"ct('크다'→'하다')"의 구조다.

'사다리를 밟고 위(지붕, 윗벽)를 하는 것'이다.

- structure-구조, 구조물-struct(세우다)+ure(명접)
- construct-건설하다, 구성하다-con[함께(com)]+struct(세우다)
- instruct-지시하다, 가르치다-in(안에)+struct(세우다)

163) strict=팽팽하게 당기다, 묶다

"str['스틀'→'새틀('사다리'의 경남 방언)']"+'i(이)'+"ct('크다'→'하다')"의 구조다.

'이다'는 '기와나 이응 따위로 지붕 위를 덮다'라는 의미이다. 즉, '사다리를 밟고 지붕을 덮는 것'이다.

- strict-엄격한, 엄밀한-strict(팽팽하게 당기다)
- district-구역, 지구, 지역-di[떨어져(dis)]+strict(묶다)
- restrict-제한하다, 방해하다-re(뒤로)+strict(팽팽하게 당기다)

164) with=떨어져

우리말로는 "with('위뜨'→'위뜸')"이다.

'위뜸'은 '윗마을'을 의미한다.

● withdraw-철수하다, 취소하다-with(떨어져)+draw(끌다)

● withhold-(~을) 주지 않다, 보류하다, 억누르다-with(떨어져)+hold(잡다)

165) soph=현명한

'sop(솝: 속의 제주 방언)'+"h('흐'→'한')"의 구조다.

'속이 깊다'이다.

● sophist-(고대 그리스의) 학자, 궤변론자-soph(현명한)+ist(~하는 사람)

● sophisticated-세련된, 교양있는, 정교한-sophist(ic)지식을 갖춘 사람+at(동접)+ed(~받는)

● philosophy-철학-phil(o)(사랑)+soph(현명한)+y(명접)

166) solv=느슨하게 하다

'sol[설(說: 말씀 설)]'+'v(브)하다'→'말하여 블다'→'말하다'로 변화했다.

'설하다'는 '도리, 이치 학설을 풀어서 이야기하다'라는 의미이다.

● solve-해결하다, 풀다-solv(e)(느슨하게 하다)

● absolve-무죄를 선고하다, 사면하다-ab(떨어져)+solv(e)(느슨하게 하다)

● dissolve-녹다, 용해하다-dis(떨어져)+solv(e)(느슨하게 하다)

167) soci=동료

'so[소: 속인(俗人: 평범한 사람)]'+"ci('시'→'사이': 관계)"의 구조다.

'평범한 사람들 관계'이다.

- society-사회, 집단-soci(e)(동료)+ty(명접)
- sociology-사회학-soci(o)(사회의)+log(y)(생각)
- associate-연상하다, 연관시키다, 어울리다-as(~쪽으로(ad)+soci(동료)+ate(동접)

168) simil=비슷한, 함께

"si(시: '이(二)'의 옛말)"+'mil(密: 자세히 볼 밀)'의 구조다.

'자세히 두 번 보는 것'이다.

쌍둥이는 자세히 봐야 구별할 수 있다.

- similar-비슷한, 유사한-simil(비슷한)+ar(형접)
- assimilate-동화하다, 완전히 이해하다-as[~쪽으로(ad)]+simil(비슷한)+ate(동접)
- simulate-가장하다, 모의실험을 하다-simul(비슷한)+ate(동접)

169) sign=표시

"si(시: '금'의 경북 방언)"+"gn('그느'→'구나')"의 구조다.

"금이구나." 광물에 '금'이 나타난 것이다.

- sign-표시, 신호, 징후, 조짐-sign(표시)
- signal-신호-sign(표시)+al(명접)
- signify-나타내다, 의미하다, 중요하다-sign(표시)+ify(동접)

170) sid=앉다

우리말로는 "sid(시다: '있다'의 제주 방언)"이다.
'있다'이다.

- president-회장, 대통령, 주재자-pre(앞에)+sid(앉다)+ent(~하는 사람)
- resident-거주자, 주민-re(뒤에)+sid(앉다)+ent(~하는 사람)
- subside-가라앉다, 진정되다-sub(아래에)+sid(e)(앉다)

171) serv=섬기다, 지키다

우리말로는 "serv('설브'→'설프'→'살피')"이다.
'살피다'는 두루두루 주의하여 자세히 본다는 의미이다.

- conserve-아끼다, 보호하다-con[완전히(com)]+serv(e)(지키다)
- deserve-~받을 만하다, ~할 가치가 있다-de(완전히)+serv(e)(섬기다)
- observe-목격하다, 관찰하다, 준수하다-ob(~쪽으로)+serv(e)(지키다)

172) sequ=따라가다

우리말로는 'sequ[시구(翅: 날개 시 鉤: 갈고리 구)]'이다.

'시구'는 꿀벌의 앞날개와 뒷날개를 연결하는 고리다.

- sequence-순서, 차례, 연속적인 사건들-sequ(따라가다)+ence(명접)
- consequence-결과, 중요성-con(함께)+sequ(따라가다)+ence(명접)
- subsequent-그다음의-sub(아래에)+sequ(따라가다)+ent(명접)

173) sens=느끼다

"se('세'→'사이')"+"ns('느스'→'넣었어')"의 구조다.

'사이에 넣었어', '사이에 넣는 것'이다.

- sense-감각, 지각, 의미, 감지하다, 느끼다-sens(e)(느끼다)
- sensation-감각, 느낌, 돌풍을 일으키는 것-sens(느끼다)+ation(명접)
- sensual-관능적인, 육체적 감각의-sens(느끼다)+ual(형접)

174) sect=자르다

"se('세'→'사이')"+"ct('크다'→'하다')"의 구조다.

'사이(틈새)를 만드는 것', 즉 자르는 것이다.

- section-조각, 부분, 단면-sect(자르다)+ion(명접)
- sector-부분, 분야, 부채 골-sect(자르다)+or(명접)
- insect-곤충(머리, 가슴, 배)-in(안에)+sect(자르다)

175) sci=알다

우리말로는 'sci[시(視: 볼 시)]'이다.

'본다'이다.

- science-과학-sci(알다)+ence(명접)
- conscious-의식이 있는, 인식하고 있는, 의도적인-con(함께)+sci(알다)+ous(형접)
- conscience-양심, 가책-con(함께)+sci(알다)+ence(명접)

176) scend=오르다

우리말로는 "scend('스그이느다'→'슥인다'→'숙인다')"이다.

'숙인다'이다. 오르려면 고개를 앞으로 숙이고 오르니까 '숙인다'로 표현한 것 같다.

- ascend-오르다, 올라가다, 상승하다-a[~쪽으로(ad)]+scend(오르다)
- descend-내려가다-de(아래로)+scend(오르다)
- transcend-초월하다-trans(관통하여)+scend(오르다)

177) rot=바퀴, 두루마리

'ro[로(盧: 밥그릇 로)]'+'t(다)'의 구조다.

'밥그릇'을 뜻하고 동그란 밥그릇, 눈동자 등을 나타낸다.

- rotate-회전하다, 교대하다-rot(바퀴)+ate(동접)

- control-지배, 통제-count[대항하여(counter)]+rol(두루마리)
- enroll-등록하다, 기록하다-en(안에)+rol(l)(두루마리)

178) rect=똑바로 하다, 바르게 이끌다, 통치하다

're[리(理: 다스릴 리)]'+"ct('크다'→'하다')"의 구조다.

'다스리다'이다.

- correct-맞는, 올바른-cor[모두(com)]+rect(똑바로 하다)
- direct-직접적인, 곧바로-di[떨어져(dis)]+rect(똑바로 하다)
- directory-지휘의, 지도적인-di[떨어져(dis)]+rect(바르게 이끌다)+ory(명접)

179) rang=줄(line)

우리말로는 "rang('랑'→'령')"이다.

'嶺(고개 령)', '산을 거느려 만들어진 고개'이다.

- rang-다양성, 범위, 산맥-rang(e)(줄)
- arrange-배열하다, 정리하다, 마련하다-ar(~쪽으로)+rang(e)(줄)
- rank-계급, 지위-rank(줄)

180) rad=광선

'ra(라: 해의 옛말)'+'d(다)'의 구조다.

'라'는 '해'의 옛말이다.

- radiant-빛나는, 빛을 내는, 환한-rad(i)(광선)+ant(형접)
- radiator-라디에이터, 방열기-rad(i)(광선)+at(동접)+or(명접)
- radio-라디오, 무선통신, 무선-rad(io)(광선)

181) quire=구하다, 묻다

우리말로는 'quire[구(求: 구할 구)]'이다.

- acquire-획득하다, 습득하다-ac[~쪽으로(ad)]+quir(e)(구하다)
- inquire-문의하다, 조사하다-in(안에)+quir(e)(묻다)
- require-필요로 하다, 요구하다-re(다시)+quir(e)(묻다)

182) put=생각하다

우리말로는 "put('푸다'→'풀다': 생각이나 이야기 따위를 말하다)"이다.

- computer-컴퓨터-com(함께)+put(생각하다)+er(하는 것)
- dispute-분쟁, 논란-dis(따로)+put(e)(생각하다)
- deputy-(조직의 장 다음 직급) 부(副), 대리인-de(떨어져)+put(y)(생각하다)

183) prob=시험하다, 증명하다

우리말로는 "prob('프르오브'→'플오브'→'풀어봐')"이다.

- probe-탐사하다, 조사하다-prob(e)(증명하다)
- probable-있을 것 같은, 개연성 있는-prob(증명하다)+able(할 수 있는)
- prove-증명하다, (~임이) 판명되다-prov(e)(증명하다)

184) priv=떼어놓다

우리말로는 "priv('프리브'→'브리브'→'뿌리브'→'뿌리브다')"이다.

'뿌리다'는 '곳곳에 흩어지도록 던지거나 떨어지게 하다'라는 의미이다.

- private-사적인, 개인 소유의-priv(떼어놓다)+ate(형접)
- privilege-특전, 특혜, 특권을 주다-priv(i)(떼어놓다)+lege(법률)
- deprive-빼앗다, 박탈하다-de(완전히)+prive(떼어놓다)

185) prehend=잡다

우리말로는 "prehend('프리헨다'→'풀이한다')"이다.

'풀이'는 모르거나 어려운 것을 알기 쉽게 밝히어 말하는 일이다.

- apprehend-염려하다, 파악하다, 체포하다-ap[~에(ad)]+prehend(잡다)
- comprehend-이해하다, 함축하다-com(함께)+prehend(잡다)
- prison-감옥, 교도소, 수용소-pris(잡다)+on(명접)

* 죄가 없다는 것을 풀이하지 못하면 가는 곳.

186) pot=힘, 능력

"po(보: 쟁기의 옛말로, '도구'를 비유적으로 이르는 말)"+'t(다)'의 구조다.

도구가 있으면 힘이 있는 것이다.

- potential-가능성 있는, 잠재적인-pot(힘)+ent(형접)+ial(명접)
- possess-소유하다-pos(힘)+sess(앉다)
- possible-가능한, 있을 수 있는-pos(s)(힘)+ible(할 수 있는)

187) port=항구, 운반하다

'por[포(浦: 개 포. 개: 강이나 내에 조수가 드나드는 곳)]'+'t(다)'의 구조다.

- portable-휴대하기 쉬운, 휴대용의-port(운반하다)+able(할 수 있는)
- portal-웅장한 정문, 시작, 포털 사이트-port(항구)+al(명접)
- portfolio-서류 가방, 작품집, 투자 자산 구성-port(운반하다)+folio(나뭇잎)

188) popul=사람들

'po(퍼: 말의 첫머리에 와서 아주 많이, 질서 없이, 예의 없이, 무책임하게 뜻을 만드는 어두)'+'pul(閥: 문벌 벌: 출신, 이해, 인연 따위를 함께함으로써 서로 뭉치는 세력이나 집단)'의 구조다.

'아주 많은 문벌'을 의미한다.

- populate-주거하다, 살다-popul(사람들)+ate(동접)
- popular-인기 있는, 유명한, 대중의-popul(사람들)+ar(형접)
- public-대중의, 공공의-publ(사람들)+ic(형접)

189) point=지르다, 지점

'po[보(步: 걸음 보)]'+"in('인'→'안')"+'t(다)'의 구조다.

'한걸음 안에 있는 것'이다.

- appoint-임명하다, 지정하다, 예약하다-ap[~에(ad)]+point(지점)
- disappoint-실망시키다-dis(떨어져)+ap[~에(ad)]+point(지점)
- pointed-뾰족한, 날카로운, 예리한-point(ed)(지점)

190) plore=소리치다, 울다

우리말로는 "plore('프르오리'→'브르오리'→'부르오리')", 즉 '부르오리'이다.

'부르오리'는 '부르다'의 활용형이다.

- deplore-개탄하다, 한탄하다, 슬퍼하다-de(완전히)+plore(울다)
- explore-탐험하다, 탐구하다-ex(밖에)+plore(소리치다)
- implore-애원하다, 간청하다-im[안에(in)]+plore(소리치다)

191) ple=채우다

우리말로는 "ple('프르이'→'플이'→'필'→'빌')"이다.
'뻬 다'는 '넘치다'의 옛말이자 '빌'의 활용형이다.

- plenty-풍부한 양, 풍부한-ple(n)채우다+ty(명접)
- complete-완벽한, 완료된-com(완전히)+ple(te)(채우다)
- deplete-고갈하다, 대폭 감소시키다-de(반대)ple(te)(채우다)

192) phon=소리

'pho[포(咆: 고함지를 포)]'+"n('느'→'넣다')"의 구조다.

- megaphone-확성기-mega(큰)+phone(소리)
- microphone-마이크-micro(미세한)+phon(e)(소리)
- telephone-전화기-tele(먼)+phon(e)(소리)

193) phas=보여주다

우리말로는 "phas('프흐아스'→'보아스'→'봤다')"이다.

- emphasize-강조하다, 중요시하다-em[안에(in)]+phas(보여주다)+ize(동접)
- phase-단계, 상, 국면-phas(e)(보여주다)
- phantom-유령, 허깨비-phan(tom)(보여주다)

194) per=시도하다

우리말로는 'per(벨: 날이 있는 연장 따위로 무엇을 끊거나 자르거나 가름)'이다.

- experience-경험, 체험-ex(밖으로)+per(i)(시도하다)+ence(명접)
- experiment-실험, 시도-ex(밖으로)+per(i)(시도하다)+ment(명접)
- expert-전문가, 전문의-ex(밖으로)+per(t)(시도하다)

195) pen=벌, 고통

우리말로는 'pen(빈: 베인)'이다.

'베이다'는 '날이 있는 연장 따위로 무엇을 끊거나 자르거나 가르다'의 피동사이다.

- penalty-처벌, 벌금, 위약금-pen(벌)+al(형접)+ty(명접)
- punish-처벌하다, 혼내다-pun(벌)+ish(동접)
- pain-통증, 고통-pain(고통)

196) pel=끌어내다

우리말로는 "pel('뺄'→'빼다')"이다.

'빼다'는 '속에 들어있거나 끼어 있거나, 박혀 있는 것을 밖으로 나오게 하다'라는 의미이다.

- compel-강요하다-com(완전히)+pel(끌어내다)

● dispel-쫓아버리다, (걱정, 근심을) 떨쳐내다-dis(떨어져)+pel(끌어내다)

● expel-추방하다, 내쫓다-ex(밖으로)+pel(끌어내다)

197) ped=발(foot)

우리말로는 "ped(페다: '펴다'의 전라, 충남, 함남 방언)"이다.

타밀어에서 '발'은 'patham'이다(타밀어는 우리말의 고어이다).

● pedal-페달, 페달을 밟다-ped(발)+al(명접)

● pedestrian-보행자-ped(estr)발+ian(사람)

● pedestrian-뻗어서 때리다[1]

● expedition-여행, 여정, 급속, 신속함-ex(밖으로)+ped(it)(발)+ion(명접)

198) patr=아버지

"pa('파'→'바'. 바: '방아'의 방언)"+'tr(틀)'의 구조다.

'방아틀'이다.

방아틀은 동네 한가운데에 있는 마을의 상징이다.

● patriot-애국자-patr(i)(아버지)+ot(명접)

● patron-단골손님-patr(아버지)+on(명접)

● pattern-양식, 패턴, 모범, 귀감-patter(n)(아버지)

199) path=느끼다, 고통을 겪다

우리말로는 "path('패뜨'→'패다')"이다.

'패다'는 '머리 따위가 몹시 쑤시고 아프다'는 의미이다.

- pathetic-불쌍한, 슬픈, 감정적인-path(et)(느끼다)+ic(형접)
- empathy-감정이입, 공감-em[안에(in)]+path(느끼다)+y(명접)
- sympathy-동정, 연민, 동조, 지지-sym[함께(syn)]+path(느끼다)+y(명접)

200) part=부분, 나누다

'par[파(派: 갈래 파)]'+'t(다)'의 구조다.

- part-부분, 일부-part(부분)
- partition-칸막이, 분할-part(나누다)+(i)tion(명접)
- party-일행, 무리, 정당, 파티-part(부분)+y(명접)

201) par=동등한

우리말로는 'par[패(牌: 패 패)]'이다.

같이 어울려 다니는 무리이다.

- compare-비교하다, 유지하다-com(함께)+par(e)(동등한)
- par-동등, 동위, (골프) 파-par(동등한)
- pair-한 쌍-pair(동등한)

202) para=옆에

'par[패(牌: 패 패)]'+'a[아(亞: 버금 아)]'의 구조다.

'패 버금가는 것', '패 비슷한 것'이다.

- parallel-평행인, 비슷한-para(옆에)+llel(다른 하나)
- paragraph-단락, 문단, 짧은 글-para(옆에)+graph(쓰다)
- paraphrase-다른 말로 표현하다-para(옆에)+phrase(말하다)

203) pan=빵

우리말로는 'pan[판(版: 판목 판)]'이다.

'널따란 판'이다.

- company-회사, 단체, 일행, 친구-com(함께)+pan(y)(빵)
- companion-동반자, 동행-com(함께)+pan(빵)+ion(명접)
- accompany-동행하다, 따르다, 수반하다-ac[~에(ad)]+com(함께)+pan(y)(빵)

204) organ=일하다(work), (몸의) 기관(organ)

우리말로는 "organ('오간'→'오장')"이다.

'오장'은 간장, 심장, 비장, 폐장, 신장의 다섯 가지 내장을 통틀어서 이르는 말이다.

- organ-장기, 기관-organ(기관)
- organism-생물, 유기체-organ(기관)+ism(명접)
- organize-조직하다, 구성하다, 준비하다-organ(기관)+ize(동접)

205) ordin=순서

“or(‘오르’→‘오르다’)”+“din(‘딘’→‘진’→‘지다’)”의 구조다.

‘오르고 지고’, ‘해가 뜨고 지고’이다.

- ordinary-보통의, 일상적인, 평범한-ordin(순서)+ary(형접)
- ordinance-법령, 조례, 규정-ordin(순서)+ance(명접)
- coordinate-조정하다, 꾸미다, 동등한-co[함께(com)]+ordin(순서)+ate(동접)

206) opt=보다

“op[‘엎’→‘엎(드려)’]”+‘t(다)’의 구조다.

‘엎드려 물에 비친 모습을 보는 것’이다.

예전에는 거울이 없었기 때문에 자신의 얼굴을 보려면 물에 비추어 보았다.

- optic-눈의, 시력의, 광학의-opt(보다)+ic(형접)
- optical-시각적인-opt(보다)+ical(형접)
- synopsis-개요, 요약, 줄거리-syn(함께)+op(보다)+sis(명접)

207) oper=일(work)

우리말로는 “oper[‘엎어(져서)’]”이다.

‘일할 때는 엎드려서 일하는 것’을 의미한다.

- operate-운영하다, 작동하다, 수술하다-oper(일)+ate(동접)

- cooperate-협력하다, 협조하다-co[함께(com)]+oper(일)+ate(동접)
- office-사무소, 회사, 공직-offic(e)일

208) numer=숫자, 순서

'nu[누(累: 여러 누, 루)]'+'mer(멜: 멸치의 전남, 제주 방언)'의 구조다.

- numerous-수많은, 다양한-numer(숫자)+ous(형접)
- numerable-셀 수 있는, 계산할 수 있는-number(숫자)+able(할 수 있는)
- anomie-아노미, 사회적 무질서-a(not)+nom(ie)(질서)

209) nov=새로운

'no[노(嚕: 말할 노(로)]'+"v('브'→'비' 비: 먼지나 쓰레기를 쓸어내는 기구)"의 구조다.

말한 것을 쓸어내는 것, 즉 '새로운 말'이라는 뜻이다.

- novel-소설, 새로운, 신기한-nov(el)(새로운)
- novice-초심자, 풋내기-nov(ice)(새로운)
- innovate-혁신하다, 도입하다-in(안에)+nov(새로운)+ate(동접)

210) nounc=알리다

'nou[노(嚕: 말할 노(로)]'+'nc(느그→누구)'의 구조다.

'누구한테 말하는 것'이다.

- announce-발표하다, 알리다, 밝히다-an[~에(ad)]+nounc(e)(알리다)
- denounce-공공연히 비난하다, 비판하다-de(아래로)+nounc(e)(알리다)
- pronounce-발음하다, 표명하다, 선언하다-pro(앞에서)+nounc(e)(알리다)

211) norm=규범

'nor[노(噜: 말할 노(로)]'+"m['므'→'마' 마(碼: 마노 마: 저울의 추, 척도 단위)]"의 구조다.

'말의 척도'이다.

어원 책의 말을 인용해 보면 다음과 같다. "고대어에서 'noma'는 목수의 '자'를 뜻했고, 거기서 '사람의 행동을 재는 자', '규범', '기준'이란 뜻이 나왔다."

- norm-표준, 규범, 기준-norm(규범)
- normal-점상의, 일반적인-norm(규범)+al(형접)
- enormous-거대한, 엄청나게 큰-e[밖으로(ex)]+norm(규범)+ous(형접)

212) nom=이름

우리말로는 "nom(놈: '사람'의 옛말)"이다.

- nominate-지명하다, 후보에 오르다-nom(in)(이름)+ate(동접)
- noun-명사, 명칭-noun(이름)

213) nerv=신경

우리말로는 "nerv['니르브'→'닐우'→'니우'→'뉴']"이다.

'뉴(紐: 맺을 뉴(유), 끈 뉴(유))'는 '끈'이다.

어원 책의 말을 옮겨보면 다음과 같다. "'nerv'는 '힘줄', '끈'을 뜻하는 고대어에서 온 어원이다. 머리와 몸을 연결해 주는 끈인 '신경', 몸을 움직이게 하는 '힘'을 뜻한다. '힘'에서 '용기'라는 뜻이 파생되었다."

- nerve-신경, 용기, 뻔뻔스러움-nerv(e)(신경)
- nervous-긴장되는, 불안한-nerv(신경)+ous(형접)
- neurosis-신경증, 강박증, 노이로제-neuro(신경)+sis(병)

214) neg=아닌

우리말로는 'neg[닉(匿: 숨길 닉)]'이다.

'숨기다'이다.

- negative-부정적인, 나쁜-neg(at)(아닌)+ive(형접)
- negotiate-협상하다, (힘든 부분을) 넘다, 성사시키다-neg(아닌)+oti(놀다)+ate(동접)
- negligent-부주의한, 무관심한-neg(아닌)+lig(고르다)+ent(형접)

215) mut=바꾸다, 교환하다

'mu[무(貿: 무역할 무)]'+'t(다)'의 구조다.

- mutant-변화하는, 돌연변이의-mut(바꾸다)+ant(형접)
- mutual-상호적인, 서로의-mut(u)(바꾸다)+al(형접)
- commute-통근하다, 교환하다-com(함께)+mut(e)(바꾸다)

216) min=작은

'미(微: 작을 미)'+"n('느'→'네')"의 구조다.

'작은'이다.

- minor-소수의, 작은, 가벼운, 단조의-min(or)(작은)
- minus-영하의, 부정적인-min(us)(작은)
- minimum-최소, 최저-min(imum)(작은)

217) merg=빠지다, 담그다

우리말로는 "merg('머르지'→'머지')"이다.

'머지'는 '머물다'의 제주 방언이다.

- emerge-나타나다, 떠오르다-e[밖으로(ex)]+merg(e)(빠지다)
- submerge-잠수하다, 담그다-sub(아래로)+merg(e)(담그다)
- immerse-물에 담그다, 몰두하다-im[안에(in)]+mers(e)(빠지다)

218) manu=손(hand)

'ma(매: 맷돌)'+'nu[누(耨: 끌 루(누)]'의 구조다.

'끌다', '거두다', '별의 이름' 등의 의미가 있다. 여기서는 '거두다'이다.

'맷돌로 갈아놓은 곡식을 손으로 거두는 것'이다.

- manual-안내 책자, 설명서-manu(손)+al(형접)
- manage-관리하다, 해내다, 가까스로~하다-man(age)(손)
- maneuver-조작, 연습, 작전, (교묘한) 술책-man(손)+euver[일하다(oper)]

219) lumin=빛(light)

"lu(루: 해의 옛말 '라'의 변형)"+"mi(미: '빛'의 변형)"+"n('느'→'나')"의 구조다.

'해 빛나'이다.

- luminary-선각자, 조명, 발광체-lumin(빛)+ary(명접)
- illuminate-(빛을) 비추다, 장식하다, 분명히 밝히다-il[안에(in)]+lumin(빛)+ate(동접)

220) cogn=알다(learn, know)

'co[고(誥: 고할 고)]'+"gn('그느'→'구나')"의 구조다.

주로 윗사람이 아랫사람에게 가르쳐 알리는 것을 의미한다.

- cognitive-인식의, 인지의-cogn(i)(알다)+tive(형접)

● recognize-알아보다, 인정하다-re(다시)+cogn(알다)+ize(동접)

● diagnose-진단하다, 원인을 밝혀내다-dia(관통하여)+gno(se)(알다)

221) lin=선(line)

우리말로는 "lin('린'→'긴'. 긴: 끈의 중앙아시아 방언)"이다.

● line-선, 라인-lin(e)(선)

● airline-항공로, 항공사-air(공기)+line(선)

● deadline-기한, 마감일-dead(끝)+lin(e)(선)

222) lig=묶다

'li[리(脷: 혀 리)]'+"g['그'→'구' 구(求: 구할 구)]"의 구조다.
'말로 구하다'이다.

● oblige-강요하다, 의무를 지게 하다-ob(~쪽으로)+lig(e)(묶다)

● religion-종교, 신앙-re(다시)+lig(묶다+ion(명접)

223) lic=꾀다(allure)

우리말로는 "lic('릭'→'익다')"이다.

'lic'은 ① '열매나 씨가 여물다', ② '고기, 채소, 곡식 따위의 날 것이 열을 받아서 성질과 맛이 달라지다', ③ '김치, 술, 장 따위가 맛이 들다'의 의미가 있다.

- delicate-섬세한, 연약한, 우아한-de(떨어져)+lic(꾀다)+ate(형접)
- delicious-맛있는-de(떨어져)+lic(i)(꾀다)+ous(형접)
- elicit-(반응을) 끌어내다-e[밖으로(ex)]+lic(꾀다)+ous(형접)

224) liber=자유

'li[리(離: 떠날 리)]'+'ber[벌(罰: 벌할 벌)]'의 구조다.

'벌에서 떠나는 것'이다.

- liberal-자유로운, 자유주의의, 진보적인-liber(자유)+al(형접)
- liberate-자유롭게 하다, 해방하다-liber(자유)+ate(동접)
- deliver-배달하다, 출산하다, 산출하다-de(떨어져)+liber(자유)

225) leg=법(law)

"le['리'→'이' 이(已: 이미 이)]"+"g['그'→'구'. 구(久: 오랠 구)]"의 구조다.

'이미 오래된 것'이다.

- legal-법적인, 법률상의-leg(법)+al(형접)
- legislation-입법, 법률제정, 법안-leg(is)(법)+lat(제안하다)+ion(명접)
- legacy-유산, 유물-leg(법)+acy(명접)

226) flect=구부리다

"fle('프레'→'브레'→'ᄡᅳ레'→'쓰레')"+"ct('크다'→'흐다'→'하다')"의 구조다.

'쓰레'는 한쪽이 경사진 땅을 말한다.

'한쪽으로 기울어진'이다.

- reflect-반사하다, 비치다, 반영하다, 숙고하다-re(반대로)+flect(구부리다)
- deflect-비껴가게 하다, 굴절하다-de(떨어져)+flect(구부리다)
- flex-굽히다, 몸을 풀다-flex(구부리다)

227) fid=믿다

'fi(피)'+'d(다)'의 구조다.

'피'이다.

'피'의 상징은 '맹세', '믿음'이다.

- confident-확신하는, 자신감 있는-con[완전히(com)]+fid(믿다)+ent(형접)
- fidelity-충실함, 신의-fid(el)(믿다)+ity(명접)
- federal-연방제의, 연방정부의-fed(er)(믿다)+al(형접)

228) estim=평가하다

우리말로는 "estim('이스티므'→'잇팀'→'입딤'→'입담')"이다.

'입담'은 말하는 솜씨나 힘을 말한다.

- esteem-존경하다, 평가하다, 생각하다-esteem(평가하다)
- estimate-평가하다, 추정하다, 판단하다-estim(평가하다)+ate(동접)
- overestimate-과대평가하다, 높이 바쳐주다-over(위로)+estim(평가하다)+ate(동접)

229) don=주다

우리말로는 'don[돈(敦: 도타울 돈)]'이다.

'돈'은 '음식을 나누어주기 위해 양고기를 삶는 모습을 그린 것으로, 음식을 나누어 먹음으로써 사이가 도타워진다'라는 의미이다.

- donate-기부하다, 기증하다-don(주다)+ate(동접)
- pardon-사면, 용서-par[완전히(per)]+don(주다)
- anecdote-일화, 비화, 진술-an(not)+ec[밖으로(ex)]+dot(e)(주다)

230) cur=달리다, 주의, 관심

우리말로는 'cur[구(驅: 몰 구)]'이다.

말이 마차를 끄는 것이다.

- current-현재의, 지금의, 통용되는-cur(r)(달리다)+ent(형접)
- curriculum-교육과정-cur(ri)(달리다)+culum(명접)
- concur-동의하다, 일치하다, 동시에 일어나다-con[함께(com)]+cur(달리다)

231) cover=덮다

우리말로는 "cover('곱엘'→'곱을')"이다.

'곱을락'은 '숨바꼭질'의 제주 방언이며, '곱다'는 '숨다'의 제주 방언이다.

- cover-덮다, 다루다, 포함하다-cover(덮다)
- recover-회복하다, 되찾다, 복구하다-re(다시)+cover(덮다)
- discover-발견하다, 찾아내다, 깨닫다-dis(not)+cover(덮다)

232) crea=자라다, 만들다

우리말로는 "crea('그리아'→'그리다')"이다.

'그리다'이다.

'그리다'는 생각, 현상 따위를 말이나 글, 음악 등으로 나타내는 것을 의미한다.

- create-창조하다, 만들다-crea(te)(만들다)
- recreate-재현하다, 기분 전환을 하다-re(다시)+crea(te)(만들다)
- increase-증가하다, 늘리다-in(안으로)+crea(se)(자라다)

233) commum=공통의

'com[咸: 다 함: 함(함께)]'+'mun[문(門: 문 문)]'의 구조다.

'함께 문을 쓰는'이라는 의미이다.

- community-사회, 공동체, 단체-commum(공통의)+ity(명접)
- communicate-의사소통하다, 대화하다, 통신하다-commum(공통의)+(i)cate(동접)
- communal-공동사회의, 공동의-commum(공통의)+al(형접)

234) cid=떨어지다

'ci[시(矢: 화살 시)]'+'d(다)'의 구조다.

'화살'이다.

- accident-사고, 우연-ac[~쪽으로(ad)]+cid(떨어지다)+ent(명접)
- incident-일, (폭력적인) 사건-in(안에)+cid(떨어지다)+ent(명접)
- coincident-일치하는, 동시에 일어나는-co(함께)+in(안에)+cid(떨어지다)+ent(형접)

235) cast=던지다

우리말로는 "cast('갓다'→'갔다')"이다.

'갔다'이다.

- cast-던지다, (그림자를) 드리우다-cast(던지다)
- broadcast-방송하다, 널리 알리다-broad(광범위하게)+cast(던지다)
- forecast-예측, 예보-fore(미리)+cast(던지다)

236) break=깨다(break)

"brea('브르에아'→'쁘레아'→'뿌라')"+"k('크'→'흐'→'하'→'하다')"이다.

'뿌르다'는 '꺾다'의 경상 방언이다.

- break-깨다, 부수다, 고장 나다, 어기다, 쉬다-break(깨다)
- breakdown-고장, 분해, 명세서-break(깨다)+down(아래로)
- breakfast-아침 식사-break(깨다)+fast(단식)

237) board=나무판자

우리말로는 'boar[보(普: 넓을 보)]'이다.

'넓은 것'이다. '넓은 나무판자를 말하며 식탁이나 배를 탈 때 밟는 판' 등을 뜻한다.

- board-판자, 게시판, 이사회, 식사, 하숙-board(나무판자)
- on board-선상의, 탑승한-on(위에)+board(나무판자)
- overboard-배 밖으로-over(너머로)+board(나무판자)

238) bat=치다(beat)

"ba[배=뽀(‘깨다’의 옛말)]"+'t(다)'의 구조다.

'깨다'이다.

- bat-(야구) 방망이, 방망이로 치다-bat(치다)
- combat-전투, 싸움-com(함께)+bat(e)(치다)
- debate-토론, 논의-de(완전히)+bat(e)(치다)

239) bar=막대

우리말로는 'bar(바)'이다.

'바 작대기', '바지랑대'이다.

'바 작대기'는 '지게 작대기(지게를 버티어 세우는 긴 막대기)'의 경남, 전남 방언이며, '바지랑대'는 빨랫줄을 받치는 장대이다.

- bar-막대, 장벽, 방해물, 술집-bar(막대)
- barrel-(가운데가 불룩한) 통-bar(r)(막대)+el(명접)
- barn-외양간, 헛간, 차고-bar(n)(막대)

240) art=예술, 기술

'ar(알)'+'t(다)'이다.

'알다'이다. '~을 할 줄 아는'이라는 의미이다.

- artwork-삽화, 예술품-art(예술)+work(일)
- artist-예술가, 화가-art(예술)+ist(~하는 사람)
- artisan-장인, 기능공-art(기술)+isan(~하는 사람)

241) vis=보다

우리말로는 'vis(비스)'이다.

'비스다'는 '꾸미다'의 옛말이며 '빗다'는 '아름답다'의 옛말이다.

꾸며서 볼만한 것을 의미한다.

- vision-시력, 시야, 선견지명-vis(보다)+ion(명접)
- visit-방문하다, 방문-vis(it)(보다)
- advise-조언하다-ad(~쪽으로)+vis(e)(보다)

242) tract=끌다

"tra('트래'→'드래'→'두레')"+'ct(하다)'의 구조다.

'두레'는 낮은 데에 있는 물을 언덕진 논이나 밭에 퍼 올리는 데 쓰는 기구이다.

서너 사람이 배를 젓듯이 당겼다, 밀었다 하며 물을 퍼 올리는 것이다.

물을 퍼 올리려면 줄을 당겨야 한다.

- abstract-추상적인, 관념적인, 추출하다, 끌어내다-ab(s)(떨어져)+tract(끌다)
- attract-마음을 끌다, 끌어들이다, 매혹하다-at[~쪽으로(ad)]+tract(끌다)
- contract-계약서, 계약하다, 수축하다, 줄어들다-con[함께(com)]+tract(끌다)

243) pend=매달다(hang)

'pe[베(무거운 것)]'+"nd('느다'→'넣다')"의 구조다.

무거운 것을 넣었다.

'베다'는 '무겁다'의 제주 방언이다. '저울추'를 나타내는 말로도 쓰인다.

- depend-의존하다, 의지하다, ~에 달려있다-de(아래에)+pend(매달다)
- expend-(돈, 에너지를) 들이다, 소비하다-ex(밖에)+pend(매달다)
- suspend-매달다, 중단하다, 연기하다-sus[아래에(sus)]+pend(매달다)

244) kin=태어남(birth)

'ki[키: 수메르 신화에 나오는 대지를 상징하는 존재, 땅의 모신이다. 수메르 문명도 우리 민족이 세운 문명이기 때문에 여기에서 쓰인 말과 같은 뜻이다. 지(地: 땅 지) 자가 변형된 음이다]'+"n('느'→'닐'. 일어날)"의 구조다.

'땅에서 생명이 생긴다'라는 뜻이다.

같은 뜻으로 어원 'gener'이 있다. 'ge[지(地)]'+"ner('닐'→'일')"의 구조다. '땅에서 생명이 생긴다'와 같은 뜻이다.

- kin-친척, 친족, 민족-kin(태어남)
- kind-종류, 친절한-kind(태어남)
- kindergarten-유치원-kind(er)(태어남)+garten(정원)

245) just=올바른

"jus['주스'→'주수' 주수(主: 주인 주+帥: 장수 수): 군대를 통솔하는 사람]"+'t(다)'의 구조다.

'군대를 통솔하는 사람'이다.

- just-정확히, 딱, 그저-just(올바른)
- adjust-조정하다, 적응하다, 바로잡다-ad(~에)+just(올바른)
- judge-판사, 심판-jud(올바른)+ge(말하다)

246) pass=통과하다

'pa[패(牌: 패 패)]'+'ss[(e)ss(있어)]'의 구조다.

'패가 있어'라는 뜻이다.

패는 통행증의 하나로, 패가 있으면 통과다.

- pass-통과하다, 지나가다-pass(통과하다)
- passage-통행, 통로, 복도, 구절-pass(통과하다)+age(명접)
- passenger-승객-pass(eng)(통과하다)+er(~하는 사람)

247) loc=장소

우리말로는 'loc[록: ~으로부터, ~로부터(옛말)]'이다.

'~로부터'라는 뜻이다.

- local-지역의, 현지의, 주민-loc(장소)+al(형접)
- locate-(~의) 위치를 알아내다, 두다, 설치하다-loc(장소)+ate(동접)
- allocate-할당하다, 분배하다-al(~에)+loc(장소)+ate(동접)

248) spon=약속하다, 맹세하다

'ㅅ.보(保: 보호할 보)'+"n('느'→'넣다')"의 구조다.

'保'의 옛날 음이 'ㅅ.보'이다.

'保'는 '지키다', '보존하다', '보증하다', '책임지다'라는 뜻이다.

'보증하다'이다.

- sponsor-후원자, 광고업체-spon(s)(약속하다)+or(~하는 사람)
- respond-응답하다, 반응하다-re(다시)+spond(약속하다)
- correspond-일치하다, 상응하다-cor[함께(com)]+respond(응답하다)

249) temper=섞다(mix), 조화시키다(modrate)

"te['테'→'떼'. 떼: 도(度: 법도 도. 섭씨 또는 화씨온도의 단위)의 경남, 전남 방언]"+"mper('므프에르'→'므펄'→'물퍼')"의 구조다.

'온도가 따듯한 것에 물을 푸는 것'이다.

- temper-기질, 성질, 누그러뜨리다-temper(섞다)
- temperate-온화한, 온전한, 절제하는-temper(섞다)+ate(형접)
- temperature-온도, 기온-temper(at)(섞다)+ure(명접)

250) tempt=시험하다(test), 시도하다(try)

"te('테'→'떼'. 떼: 도(道: 길 도)의 경남, 전남 방언]"+"mp('므프'→'물퍼')"+'t(다)'의 구조다.

'道(사람이 지켜야 할 마땅한 도리)에 물을 뿌리는 것'이다.

- tempt-유혹하다, 부추기다-tempt(시험하다)
- attempt-시도, 노력, 시도하다-at(~쪽으로)+tempt(시도하다)

251) ante=앞에, 전에

'an(안: 수메르 신화에 나오는 하늘을 상징하는 존재)'+'te(터)'의 구조다.

'하늘 터에 가신=먼저 하늘로 가신'이다.

우리 조상들은 하늘을 큰 알('한알'→'하늘')이라고 생각했다. 알이 안으로 변한 것이다.

이처럼 수메르 말에서는 우리 조상들의 흔적을 찾을 수 있다. 메소포타미아의 수메르 문명은 우리 민족이 세운 문명이기 때문이다.

- antecedent-전례, 선행사건, 조상-ante(전에)+ced(가다)+ent(형접)
- ancestor-조상, 선조-an(te)전에+cest(가다)+or(~하는 사람)
- antique-고대의, 옛날의-ant(전에)+ique(형접)

252) counter=대항하여(against), 반대의(opposite)

"coun(고운: '곱다'의 활용형. 곱다: 이익을 보려다가 오히려 손해를 보게 되다)"+'ter(터)'의 구조다.

- counterattack-반격하다, 반격, 역습-counter(대항하여)+attack(공격하다)
- contrary-반대의, 상반된-contra(반대의)+ry(형접)

253) post=뒤에, 후에

'pos[봇: 태(胎: 아이밸 태)] 태아를 둘러싸고 있는 막이다)'+'t(다)'의 구조다.

'재봇'은 '매미 허물'이라는 제주 방언으로, 매미가 나오고 난 후에 껍질(허물)이 생긴다. 뒤에 남겨진 것이 '허물(봇)'이다.

- posterior-뒤의, 다음의-post(er)(뒤에)+ior(더~한)
- postpone-연기하다, 미루다-post(뒤에)+pon(e)(놓다)
- postwar-전후의-post(뒤에)+war(전쟁)

254) eco=환경, 집

우리말로는 "eco('이고'→'이거')"이다.

'이거(里居: 마을 리+살 거)'는 '마을에서 삶'을 의미한다.

- ecosystem-생태계-eco(환경)+system(제도)
- eco-friendly-환경친화적인-eco(환경)+friendly(친절한)
- ecology-생태학, 생태환경-eco(환경)+log(y)(생각)

255) anti=대항하여, 반대의

'an(수메르 신화에 나오는 하늘을 상징하는 존재)'+"ti(티: '터'의 경남 방언)"의 구조다,

'하늘의 땅'이라는 뜻으로 '하늘나라'를 뜻한다. 인간 세상과는 반

대되는 세상이다.

- antiaging-노화 방지의-anti(대항하여)+aging(노화)
- antibacterial-항균의, 항균성의-anti(대항하여)+bacterial(세균의)
- antibody-(항원에 대항하는) 항체-anti(대항하여)+body(몸체)

256) sum=취하다

우리말로는 'sum[숨: 숨(꿈의 옛말)] 여기에서 꿈은 잠잘 때의 꿈이 아니라 침(입속의 침샘에서 분비되는 무색의 끈기 있는 소화액)의 제주 방언]'이다.

- assume-추정(가정)하다, 취하다, ~인 척하다-as(~쪽으로)+sum(e)(취하다)
- consume-소비하다, 먹다, 마시다-con[완전히(com)]+sum(e)(취하다)
- presume-추정하다, 간주하다-pre(미리)+sum(e)(취하다)

257) tru=단단한

'tr(틀)'+'u(우)'의 구조다.

'틀'은 어떤 물건의 테두리나 얼개가 되는 물건이다.

'우'는 어떤 사물의 거죽이나 바닥의 표면이다.

즉, '틀의 겉표면'이다.

- true-참된, 진실의-tru(e)(단단한)
- trust-신뢰, 신탁-tru(st)(단단한)

● trustworthy-신뢰할 수 있는-trust(신뢰)+worthy(가치 있는)

258) ob=~에 맞서, ~을 향하여

우리말로는 "ob[옵: '외(외따로 떨어져 있는)'의 평안 방언]"이다.

● obvious-명백한, 분명한, 알기 쉬운-ob(~에 맞서)+vi(길)+ous(형접)

● obscure-잘 알려지지 않은, 희미한-ob(~을 향하여)+scure(덮다)

● obsession-집착, 강박-ob(~을 향하여)+sess(앉다)+ion(명접)

259) centr=중심(center)

우리말로는 'centr(선틀)'이다.

'centr(선틀)'은 문설주를 의미하는데, 문짝을 끼워 달기 위해 문의 양쪽에 세운 기둥을 말한다.

● central-중심의, 가장 중요한-centr(중심)+al(형접)

● concentrate-집중하다, 전념하다-con[함께(com)]+center(중심)+ate(동접)

● eccentric-괴짜인, 별난-ec[밖으로(ex)]+centr(중심)+ic(형접)

260) cit=부르다(call)

'ci[사(ㅅㅂ)]'+'t(다)'의 구조다.

'뽑다'의 옛말이다. ① '여럿 가운데에서 골라내다', ② '속에 들어

있는 기체나 액체를 밖으로 나오게 하다', ③ '소리를 길게 내다(예: 노래를 한 곡조 뽑다)' 등의 의미가 있다.

- cite-인용하다, 언급하다, 소환하다-cit(e)(부르다)
- excite-흥분시키다, 자극하다-ex(밖으로)+cit(e)(부르다)
- recite-암송하다, 낭독하다, 열거하다-re(다시)+cit(e)(부르다)

261) clin=기울이다, 구부리다

"cl['글'→'굴(窟: 굴 굴)']"+'in(안)'의 구조다.

'굴 안'이다. '굴 안'에서는 몸을 숙여야 한다.

- decline-감소, 하락-de(떨어져)+clin(e)(기울이다)
- incline-마음이 내키다, 기울다-in(안으로)+clin(e)(구부리다)
- climate-기후, 분위기, 풍조-clim(기울이다)+ate(명접)

262) cert=확실한

'cer[설: 쐐기(물건의 틈에 박아서 움직이지 못하게 하거나, 물건의 사이를 벌리는 데 쓰는 물건)]'+'t(다)'의 구조다.

'쐐기'이다.

- certain-확실한, 확신하는, 특정한-cert(확실한)+ain(형접)
- certificate-자격(증), 증명서, 자격증을 교부하다-cert(i)(확실한)+fic(만들다)+ate(명접)

263) dam=손실(loss)

우리말로는 "dam('댐'→'땜': 어떤 액운을 넘기거나 다른 고생으로 대신 겪는 일)"이다.

- damage-손상, 피해, 손해배상금-dam(손해)+age(명접)
- condemn-비난하다, 규탄하다, 선고를 내리다-con[완전히(com)]+demn(손실)

264) dem=사람(people)

우리말로는 "dem('딤'→'님'→'임': 사모하는 사람)"이다.

'노틀담'은 '우리들의 귀부인'이라는 뜻으로, 성모마리아를 나타낸다고 한다.

여기서 '담'은 'dem(딤)'과 같은 의미이다. 우리 민족이 유럽 문명의 뿌리인 메소포타미아 문명을 만들었기 때문에 모든 유럽어에는 우리말의 흔적이 있다.

- democracy-민주주의, 민주 국가-dem(o)(사람)+cracy(통치)
- epidemic-유행병, 유행-epi(위에)+dem(사람)+ic(형접)

265) doc=가르치다(teach)

우리말로는 'doc[독(纛: 기 독)]'이다.

'둑(임금이 타고 가던 가마 또는 군대의 대장 앞에 세우던 큰 의장기)'의 원말이다. 'duc(이끌다)'와 같은 어원이다. 즉, '기를 들고 앞장

서서 나가는 것'이다.

- doctor-의사, 박사, 선생-doc(t)(가르치다)+or(~하는 사람)
- doctrine-원칙, 교리, 가르침-doc(tr)(가르치다)+ine(명접)
- document-문서, 파일, 기록하다-doc(u)(가르치다)+ment(명접)

266) equ=같은(equal)

우리말로는 'equ[이구(二口)]'이다.

'입이 두 개'이다.

- equal-같은, 동일한, 평등한-equ(같은)+al(형접)
- equation-동일시, 〈수학〉 등식, 방정식-equ(같은)+at(동접)+ion(명접)
- equilibrium-평형, 균형-equ(i)(같은)+libr(양팔 저울)+ium(명접)

267) fare=가다(go)

"far('팔'→'발')"+"e('이'→'이다')"의 구조다.

'발(發: 필 발)하다'라는 의미이다.

'발하다'는 '어떤 곳에서 다른 곳을 향하여 떠나다'를 의미한다.

- fare-(교통) 요금, 가다, 지내다-fare(가다)
- farewell-작별 인사-fare(가다)+well(잘)
- welfare-행복, 복지-wel(잘)+fare(가다)

268) fest=기쁨(joy)

'fe(피: 볏과의 한해살이풀)'+'st[스다: 쓰다 (뜨다)의 옛말]'의 구조다.

'피로 만든 음식을 떠먹는 것'이다.

- festival-축제, 기념제-fest(기쁨)+iv(e)(형접)+al(명접)
- feast-연회, 잔치, 축제, 마음껏 먹다-feast(기쁨)

269) fin=끝내다(end), 경계(boundary)

"fi['파'→'파(罷: 마칠 파)']"+"n('느'→'넣다'→'하다')"의 구조다.

'파하다'는 '어떤 일을 마치거나 그만두다'라는 의미이다.

어원 책의 말을 옮겨보면 우리나라 말에서도 '끝내준다'는 말은 매우 '훌륭하다'는 뜻이다. 영어도 똑같다. "I'm fine, thank you." 에서 'fine'은 원래 '끝내주게 좋다'라는 뜻이었다. 과거에 '훌륭한' 공예품의 척도는 얼마나 섬세하게 끝마무리가 잘 되어 있는지에 달려 있었다. 그래서 '섬세한'이란 의미로도 사용된다. 또한, '벌금을 내면 감옥에 가지 않고 죄가 끝난다'는 뜻에서 '벌금', '과태료', '연체료'라는 의미도 된다.

- fine-질 높은, 좋은, 괜찮은, 섬세한, 벌금-fin(e)(끝내다)
- final-마지막의, 최종의-fin(끝내다)+al(형접)
- finance-재원, 재정, 기금-fin(끝내다)+ance(명접)

270) firm=확실한

우리말로는 "firm['브이르므'→'부름'→'부럼(음력 정월 대보름날 새벽에 깨물어 먹는 딱딱한 열매류인 땅콩, 호두, 잣, 밤, 은행 따위를 통틀어 이르는 말로 이런 것을 깨물면 한 해 동안 부스럼이 생기지 않는다고 함)']"이다.

'부럼'이다.

- firm-회사, 딱딱한, 단단한, 확실한
- confirm-확인하다, 사실임을 보여주다-con[완전히(com)]+firm(확실한)
- affirm-단언하다, 긍정하다-af[~에(ad)]+firm(확실한)

271) tri=셋(three)

우리말로는 "tri('뜨리'→'쓰리'→'스이'→'서이')"이다.

'서이'는 '셋'의 충청, 함경 방언이다.

- triple-세 배의, 삼중의-tri(셋)+ple(접다)
- triangle-삼각형, 삼각관계-tri(셋)+angle(각)
- tribe-부족, 집단-tri(셋)+be(있다)

272) flu=흐르다, 흐름(flow)

우리말로는 "flu['브루'→'부류(浮流)']"이다.

'부류(浮: 뜰 부+流: 흐를 류)'는 '떠서 흐름'을 의미한다.

- fluid-액체, 유동체-flu(id)(흐르다)
- fluent-(언어 능력이) 유창한, 능숙한-flu(흐르다)+ent(형접)
- affluence-부유함, 풍족함-af[~에(ad)]+flu(흐르다)+ence(명접)

273) form=형태, 만들다(form)

'for(폴: 팔의 경상, 전남, 함경 방언)'+'m[므→무(舞: 춤출 무)]'의 구조다.

'팔로 어깨춤을 추는 것'이다.

- form-형태, 유형, 형식, 서식-form(형태)
- inform-알리다, 정보를 주다, 통지하다-in(안으로)+form(만들다)
- reform-개혁하다, 개선하다-re(다시)+form(만들다)

274) frag=깨다(break)

"fra('프라'→'쁘라'→'뿌라')"+"g('그'→'크'→'흐'→'하')"의 구조다.

'뿌라지다'는 '부러지다'의 경상 방언이다.

- fragment-조각, 파편, 산산이 부수다-frag(깨다)+ment(명접)
- fragile-부서지기 쉬운-fraga(깨다)+ile(하기 쉬운)
- fractal-〈수학〉 분열, 도형-fract(깨다)+al(명접)

275) grat=기쁨(joy), 기쁨을 주는(pleasing), 감사(thank)

"gra(그라: '그래'의 옛말)"+'t(다)'의 구조다.

방언(그랴, 기여)이다.

"손을 잡고 '그랴 그랴' 하는 것)"이다.

- gratitude-감사, 고마움-grat(i)감사+tude(명접)
- grateful-감사하는, 고마워하는-grat(기쁨)+ful(가득 찬)
- gratify-만족시키다, 기쁘게 하다-grat(기쁨)+ify(동접)

276) grav=무거운(heavy)

'gr(그르: 그루터기)'+'av(압(壓: 누를 압)'의 구조다.

'그루터기를 밟는 것', '무덤을 만들 때 흙을 단단히 다지는 것'이다.

- grave-무덤, 중대한, 심각한-grav(e)(무거운)
- gravity-중대함, 중력-grav(무거운)+ity(명접)
- aggravate-악화시키다, 가중시키다-ag(~에(ad)+grav(무거운)+ate(동접)

277) hab=가지다, 잡다

우리말로는 'hab[합(合: 합할 합)]'이다.

밥그릇과 밥뚜껑을 표시한 글자로 '합하다', '모으다', '만나다', '대답하다', '마을', '대궐', '적합하다', '쪽문'의 뜻이 있다.

- habit-습관, 버릇, 관습-hab(it)(가지다)

- habitat-서식지, 생태-hab(itat)(가지다)
- inhabit-거주하다, 서식하다-in(안에)+hab(it)(가지다)

278) horr=떨다(tremble)

우리말로는 "horr(호르르: 작은 새 따위가 날개를 가볍게 치며 날아가는 소리인데, 무서워서 몸을 떠는 것을 '호르르'로 표현함)"이다.

- horror-공포, 경악-horr(떨다)+or(~하는 것)
- horrible-끔찍한, 무서운-horr(떨다)+ible(하기 쉬운)
- abhor-혐오하다-ab(떨어져)+hor(떨다)

279) pet=찾다, 추구하다

우리말로는 "pet(피다: '펴다'의 경기, 경상, 전라, 충청 방언)"이다.

'펴다'는 '접히거나 개킨 것을 젖히어 벌리다'라는 의미다.

손에 무엇을 쥐고 있을 때 그것을 확인하려면 손가락을 하나씩 펴야 할 것이다.

- compete-경쟁하다, 겨루다-com(함께)+pet(e)(찾다)
- petition-청원, 탄원-pet(it)(추구하다)+ion(명접)
- appetite-식욕, 의욕-ap[~에(ad)]+pet(ite)(추구하다)

280) via=길(way)

'vi[비(轡: 고삐 비)]'+"a('아'→'야')"의 구조다.

'비(轡)이다'이다.

- via-어떤 장소를) 거쳐, 경유하여-via(길)
- deviation-일탈, 탈선-de(떨어져)+via(길)+tion(명접)
- convey-나르다, (생각이나 감정을) 전달하다-con[함께(com)]+vey(길)

281) stick=막대(stick), 막대로 찌르다(prick)

'si[시(矢: 화살 시)]'+"tic('틱'→'딕'→'찍'. 찍다)"+"k('크'→'흐'→'하다')"이다.

'화살로 찍다'이다.

화살이 산(算)가지(막대를 세는 것)로도 쓰여 '막대'라는 뜻도 가지게 되었다.

- sticker-스티커-stick(찌르다)+er(~하는 것)

* 접착제가 없던 옛날에는 뾰족한 침을 '찔러서' 물건을 붙였다.

- sting-찌르다, 따끔따끔하게 하다-sting(찌르다)
- distinguish-구별하다, 차이를 보이다-di[떨어져(dis)]+sting(u)(막대)+ish(동접)

282) cap=잡다, 생각을 취하다

우리말로는 "cap('갑'→'갖')"이다.

'갖다'는 ① '자기 것으로 하다', ② '생각, 태도, 사상 따위를 마음에 품다' 등의 의미가 있다.

- capable-~할 수 있는, 유능한-cap(잡다)+able(할 수 있는)
- capture-포획하다, 사로잡다-cap(잡다)+ture(명접)
- anticipate-예상하다, 예측하다-anti(먼저)+cip(취하다)+ate(동접)

283) hap=운, 우연

"ha(해: '많다'의 옛말)"+"p['프'→'부(富: 부유할 부)']"의 구조다. '많은 재산'이다.

- happy-행복한, 기쁜-hap(p)(운)+y(형접)
- happe-(일이) 벌어지다, 발생하다-hap(p)(우연)+en(동접)
- haphazard-되는 대로의, 우연한-hap(우연)+hazard(위험)

284) fall=속이다(deceive), 잘못(miss)

우리말로는 'fall(발: 새로 생긴 나쁜 버릇이나 나쁜 관례)'이다.

- fallacy-오류, 틀린 생각-fall(속이다)+acy(명접)
- false-틀린, 사실이 아닌, 가짜의-fal(se)(속이다)
- fail-실패하다, (시험에) 낙제하다-fail(잘못)

285) camp=들판

'cam(감: 밭을 갈거나 씨를 뿌리기에 알맞은 땅의 상태)'+"p('프'→'푸'→'풀')"의 구조다.

밭을 갈려면 어느 정도의 크기가 되어야 하고 땅의 상태도 평평하고 약간 물기도 머금고 있어야 씨를 뿌릴 수 있다. 씨 뿌림이 가능한 넓은 땅에 풀이 있는 것을 말한다.

- campaign-캠페인, (조직적인) 운동

* 원래는 '들판'에서 군대가 전개하는 공격 작전을 가리키는 말이다.

- campus-대학 교정-camp(us)(들판)
- campsite-야영지-camp(들판)+site(장소)

286) ~er=행위자(~하는 사람, ~하는 도구), 변화형 ~or, ~ar

우리말로는 "~er'[~하는 이(사람)여]'"이다.

- employer-고용주-employ(고용하다)+er(~하는 사람)

287) ~ee=대상자(~당하는 사람)

우리말로는 '~ee[~하는 이(사람)]'이다.

- employee-직원-employ(고용하다)+ee(~당하는 사람)

288) ~ist=행위자(~하는 사람)

우리말로는 '~ist[이시다, ~하는 이(사람)시다]'이다.

- artist-예술가-art(예술)+ist(~하는 사람)

289) ~cy=행위, 성질, 상태, ~ty=행위, 성질, 상태

우리말로는 "~cy[시('티'에서 변한 말)]", "~ty(티: '티' 내는 것)"이다.

- accuracy-정확성-accura(te)(정확한)+cy(~한 성질)
- novelty-새로움-novel(새로운)+ty(~한 성질)

290) ~ry=행위, 업종, 종류

우리말로는 '~ry[류(類: 무리 류)]'이다.

- machinery-기계류-machine(기계)+ry(~류)

291) ~ory=장소

우리말로는 "~ory('오리'→'오디'→'어디')"이다.

'어디'이다.

- laboratory-연구실-labor(at)(일)+ory(~하는 곳)

292) ~ics=학문

우리말로는 "~ics(익스: '익히는 것', '학문을 배우고 닦는')"이다.

● economics-경제학-econom(y)(경제)+ics(~학)

293) ant=~하는 사람

타밀어에 남아있는 '~하는 사람(~kan, ~than)'의 변화형으로 우리말 '캉'에 해당한다.

경상도 사투리인 '니캉 내캉(너랑 나랑)'이 그것이다.

* 타밀어는 인도 남부의 드라비다어족에 속하는 언어이다. 드라비다족은 인더스 문명을 일으킨 우리 민족으로서 현재 인도 남부에 많이 거주하고 있다.

● protestant-개신교도-protest(항의하다)+ant(~하는 사람)

294) ary=~하는 사람

타밀어 'sali'는 '사람'을 가리키는 명사형 어미이다.

'~ary'는 'sali'의 변형이다.

● secretary-비서-secret(비밀)+ary(~하는 사람)

어근의 설명이 약간 억지스러운 면이 있을지 몰라도 우리말이 아니면 여기까지 설명은 불가능했을 것이다.

· 16 ·
영어 단어에 표시된 한자

軻: 수레 가	cart: 수레, 우마차
帢: 모자 갑	cap: 모자
价: 클 개	great: 큰, 엄청난
去: 갈 거	go: 가다
曲: 굽을 곡	cook: 굽은 것, 갈고리 모양의 것
鉤: 갈고리 구	hook: 고리, 걸이
溝: 도랑 구	gutter: 배수로
技: 재간 기	gift: 재주, 재능, 선물
色: 빛 색	sex
年: 해 년	year: 해(년, 연)
尿: 오줌 뇨	urine: 소변
懶: 게으를 라	lazy: 게으른
癩: 문둥이 라	leper: 나환자
卵: 알 란	lens: 안경 알
掠: 노략질할 략	loot: 훔치다
呂: 법칙 려	law: 법

蘆: 갈대 로	reed: 갈대
해오라기	heron: 해오라기
路: 길 로	road: 길, route: 길
寥: 쓸쓸할 료	lone: 혼자인
漏: 샐 루	leak: 새다
柳: 버들 류	willow: 버드나무
肋: 갈빗대 륵	rib: 갈비
離: 떠날 리	leave: 떠나다
磨: 갈 마	mill: 방앗간, 제분소
輓: 끌 만, 애도할 만	mourn: 애도하다
蔓: 덩굴 만	vine: 포도나무, 덩굴식물
芒: 까끄라기 망	awn: 까끄라기
媒: 중매 매	match: 어울리는 사람, 짝, 경기, 성냥
보리	barley: 보리
模: 본뜰 모	model: 모형, (상품의) 모델
母: 어미 모	mother: 어머니
巫: 무당 무	medium: 중간의, 매체, 퇴마사
蚊: 모기 문	mosquito: 모기
薄: 엷을 박	pale: 창백한, 엷은
朴: 성씨 박, 나무껍질 박	bark: 나무껍질, 짖는 소리
反: 돌이킬 반	ban: 금하다
鉢: 바리때 발	bowl: 그릇(원래는 그릇 모양을 본뜬 글자였음)
湃: 물결칠 배	wave: 물결

培: 북돋을 배	buoy: ~뜨게 하다, 기분을 좋게 하다, 부표
拜: 절 배	bow: 절하다
倍: 곱 배	double: 두 배의
番: 차례 번	turn: 순번
罰: 벌할 벌	punish: 벌주다
氾: 넘칠 범	brim: 그득하다
璧: 구슬 벽	bead: 구슬
甫: 클 보	big: 큰
普: 넓을 보	board: 넓은
輻: 바큇살 복	spoke: 바큇살('輻'의 옛날 음은 'ㅅ복'이다)
白: 흰 백('말하다'라는 뜻도 있음)	speak: 말하다('白'의 옛날 음은 ㅅ백이다)
焚: 불사를 분	burn: 타오르다, 불타다
崩: 무너질 붕	bung: 고장 난, 부서진, 파산한
巳: 뱀 사	snake: 뱀
沙: 모래 사	sand: 모래
辭: 말씀 사	say: 말하다
仕: 섬길 사	serve: 시중들다, 제공하다
査: 조사할 사	survey: 조사, 측량, 점검
酸: 실 산	sour: 신, 시큼한
殺: 죽일 살	slay: 죽이다, 살인하다
插: 꽂을 삽	stab: 찌르다, 삿대질하다
像: 모양상	shape: 모양, 형태

牲: 희생 생	sacrifice: 희생
誓: 맹세할 서	swear: 맹세하다
庶: 여러 서	several: 몇의, 각각의
石: 돌 석	stone: 돌
자리 석	seat: 자리, 좌석
夕: 저녁 석	supper: 저녁
閃: 번쩍일 섬	shine: 빛나다
攝: 다스릴 섭	subdue: 진압하다, 감정을 가라앉히다
醒: 깰 성	sober: 술에 취하지 않은
細: 가늘 세	slender: 날씬한, 호리호리한
蕭: 쓸쓸할 소	solitary: 혼자 있기를 좋아하는
碎: 부술 쇄	smash: 박살 내다
羞: 부끄러울 수	shy: 수줍어하는
셈	sum: 계산, 산수, 총계
水: 물 수	sap: 수액
菽: 콩 숙	soy: 콩
淑: 맑을 숙	sunny: 화창한
襲: 엄습할 습	swoop: 위에서 덮치다
繩: 노끈 승	string: 끈, 줄
矢: 화살 시	shaft: 화살대, 축
視: 볼 시	see: 보다
紳: 띠 신	sash: 띠
俄: 아까 아	ago: 전에

腋: 겨드랑이 액	axilla: 겨드랑이
恙: 근심할 양	anxiety: 불안, 염려
禦: 막을 어	obstruct: 막다, 방해하다
語: 말씀 어	word: 단어, 낱말, 말, 이야기
汝: 너 여	you: 너
捐 :버릴 연	junk: 쓸모없는 물건, 폐물
소금	salt
嬰: 어린아이 영	young: 어린, 신생의, 덜 성숙한
溫: 따듯할 온	warm: 따스한
翁: 늙은이 옹	old: 늙다
訛: 그릇될 와	wrong: 틀린, 잘못된
腕: 팔뚝 완	arm: 팔, 무장하다
擾: 시끄러울 요	noise: 소음, 잡음
憂: 근심 우	worry: 걱정하다
萎: 시들 위	wilt: 시들다, wither: 시들다
씨	seed: 씨
揄: 야유할 유	jeer: 야유하다
유자	yuja: 유자
泣: 울 읍	weep: 울다
耳: 귀 이	ear: 귀
引: 끌 인	lead: 안내하다
咀: 씹을 저	chew: 씹다
輾: 돌아누울 전	turn: 돌다, 돌리다

오로지	only: 오직, 유일한
棗: 대추 조	jujube: 대추, 대추나무
嘲: 비웃을 조	jeer: 야유하다
汁: 즙 즙	juice: 주스(즙)
止: 그칠 지	cease: 그치다
뚫어	through: ~을 통해
責: 꾸짖을 책	chide: 꾸짖다
替: 바꿀 체	change: 바꾸다
抽: 뽑을 초	choose: 선택하다, 고르다
무덤, 더미	dome: 돔, 반구형 지붕
追: 쫓을 추	chase: 뒤쫓다, 추적하다
稚: 어릴 치	child: 아이, 어린이
塔: 탑 탑	tower: 탑
跆: 밟을 태	tread: 디디다, 밟다
腿: 넓적다리 퇴	thigh: 넓적다리
派: 갈래 파	part: 일부, 부분
片: 조각 편	piece: 한 부분, 조각
褒: 기릴 포	praise: 칭찬, 찬사
瀑: 폭포 폭	fall: 폭포
暴: 사나울 폭	fierce: 사나운, 험악한
疲: 피곤할 피	fatigue: 피로
畢: 마칠 필	finish: 끝내다
遐: 멀 하	far: 멀리, 오래전에

何: 어찌 하	how: 어떻게
虐: 모질 학	harsh: 가혹한, 냉혹한
喊: 소리칠 함	holler: 소리 지르다, 고함치다
港: 항구 항	harbor: 항구, 항만
害: 해할 해	hurt: 다치게 하다
豪: 호걸 호	hero: 영웅
火: 불 화	fire: 불
穫: 거둘 확	harvest: 수확하다
徊: 머뭇거릴 회	hesitate: 망설이다
檜 :전나무 회	fir: 전나무
諱: 숨길 휘	hide: 감추다, 숨다
縣: 매달 현	hang: 매달다
侚 :재빠를 순	soon: 이미, 벌써

영어에 한자가 존재한다는 사실은 한자를 우리 민족이 만들었다는 가장 확실한 증거이다.

이런 사실을 전 세계에 알려야 할 것이다.

참고문헌

- 『고조선 국가형성의 사회사』(지식산업사, 신용하 지음)
- 『고조선 문명의 기원과 요하문명』(지식산업사, 우실하 지음)
- 『고대 아메리카에 나타난 우리민족의 태극』(코리, 손성태 지음)
- 『이집트 상형문자 이야기』(예문출판사, 크리스티앙 자크 지음, 김진경 옮김)

- 네이버 사전
- 유튜브

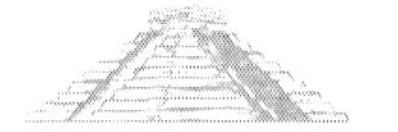